Katja Behrens
»Alles aus Liebe, sonst geht die Welt unter«

Katja Behrens

»Alles aus Liebe, sonst geht die Welt unter«

Sechs Romantikerinnen
und ihre Lebensgeschichte

Katja Behrens, geboren in Berlin, arbeitete viele Jahre als Übersetzerin (u. a. übersetzte sie Henry Miller), war anschließend Verlagslektorin und ist seit 1978 freiberufliche Schriftstellerin. Sie wurde mit zahlreichen Literaturpreisen ausgezeichnet und ist Mitglied des PEN. Bei Beltz & Gelberg erschienen von ihr *Zorro. Im Jahr des Pferdes* und *Hathaway Jones* sowie die Biographie *Alles Sehen kommt von der Seele. Die Lebensgeschichte der Helen Keller.*

Die Rechtschreibung in den Briefen und Zitaten wurde der besseren Lesbarkeit wegen der heute üblichen Schreibweise weitgehend angeglichen.

www.beltz.de
© 2006 Beltz & Gelberg
in der Verlagsgruppe Beltz · Weinheim Basel
Alle Rechte vorbehalten
Neue Rechtschreibung
Lektorat: Frank Griesheimer
Umschlaggestaltung: Dorothea Göbel
Satz und Bindung: »Druckhaus Thomas Müntzer«,
Bad Langensalza
Druck: Druckhaus Beltz, Hemsbach
Printed in Germany
ISBN 3 407 80971 9
1 2 3 4 5   10 09 08 07 06

Inhalt

Prolog   6

Bettina von Arnim,
geb. Brentano (1785–1859)   11

Karoline von Günderode
(1780–1806)   36

Rahel Varnhagen,
geb. Levin (1771–1833)   68

Caroline Schlegel-Schelling,
geb. Michaelis (1763–1809)   102

Dorothea Veit-Schlegel,
geb. Mendelssohn (1763–1839)   139

Sophie Mereau-Brentano,
geb. Schubart (1770–1806)   159

Nachwort   194
Zeittafel   215
Personenverzeichnis   223
Literaturhinweise   227

Prolog

Da führt der Wind der Vergangenheit
Samen in die Zukunft

Die Welt, in der sie sich bewegten, ist längst nicht mehr die unsere: Die Möbel, die sie umgaben, sind heute vereinzelt in Antiquitätenläden zu finden, teuer gehandelt – Rokoko, Chippendale, Empire, Biedermeier.

Die Tapeten, die sie vor Augen hatten, sind heute nur noch in Privatmuseen und Gedenkhäusern zu besichtigen – Engel, die Scham bedeckt von Girlanden aus goldenem Weinlaub, blühende Rosen, Vergissmeinnicht oder grüne Blättersäulen bis hinauf zur stuckverzierten Decke. Die Fenster, aus denen sie schauten, waren umrahmt von schweren, seitlich gerafften Vorhängen, und der Ofen im Salon war so eingerichtet, dass er von draußen zu heizen war: drinnen die Damen und Herren, draußen ein Dienstbote, der das Feuer am Brennen hielt.

Bedienung gehört zum Leben – Damen haben »Mädchen«. Rahel Varnhagen braucht das ihre *wahrlich zur Gesundheitstoilette.*

Die Dienstboten wohnen im Hause, in engen Kammern, die uns Heutigen höchstens noch als Gästezimmer dienen.

Sie putzen die Böden, kochen das Essen, spülen das Geschirr, baden die Kinder und schneiden die Federn zurecht, mit denen die gnädige Frau schreibt. Viele Seiten lange Briefe mit der Feder, die immer wieder ins Tintenfass getaucht werden muss.

Briefe, die mehr als Nachrichten übermitteln und nicht nur dazu dienen, Freundschaften oder nützliche Beziehungen aufrechtzuerhalten. Sie sollen auch ein Kunstwerk sein: die einzige gesellschaftlich anerkannte Möglichkeit für Frauen, nicht nur in schönen Kleidern, sondern auch mit klugen Worten aus dem Hause herauszutreten, sich sehen zu lassen.

Man nimmt sich Zeit zum Briefeschreiben. Es ist nicht unsere Welt. Man hat Zeit – für Besuche, Spaziergänge, Ausfahrten. Zeit zum Lernen, einander vorzulesen, einander zuzuhören.

Für ihren Lebensunterhalt brauchen sie nicht zu sorgen, diese Damen des ausgehenden achtzehnten, des beginnenden neunzehnten Jahrhunderts.

Für sie wird gesorgt – von Vätern, Ehemännern, Brüdern, Söhnen.

Nicht unsere Welt ist das: die Tochter ein Besitz des Vaters, den er nur aus der Hand lässt, wenn er stirbt oder sie verheiratet, möglichst gut, mit einem wohlhabenden Mann in angesehener und gesicherter Stellung. Ist sie schön und sittsam, dann lässt sie sich leicht an den Mann bringen. Ist sie hässlich, muss der Vater die Mitgift erhöhen.

Nicht unsere Welt – die Frauen lassen sich das gefallen, fast alle: Es ist ihnen selbstverständlich.

»Ich war fünfzehn Jahre alt und sollte bei der Tante nähen lernen. Wie sehr erstaunte ich nicht, als diese mir im Vertrauen sagte, ich solle Braut werden. ›Mit wem?‹, fragte ich sie, und sie nannte mir den Mann; er war angehender praktischer Arzt, ich hatte ihn einige Male bei meinem Vater und auch an seinem Fenster gesehen ... Ich freute mich kindisch dazu, Braut zu werden, und malte es mir recht lebhaft aus, wie ich, von meinem Bräutigam geführt, nun spazieren gehen würde, wie ich bessere Kleider und einen Friseur bekommen würde ... Der ersehnte Tag erschien ... mir klopfte das Herz mächtig, und ich antwortete, dass ich mit allem zufrieden sei, was er [der Vater] über mich beschließen würde.« So schildert Henriette Herz, berühmt für den ersten literarischen Salon Berlins, ihre Verlobung.

Nicht unsere Welt, in der nach der Hochzeit die Schwangerschaften beginnen, meist eine nach der andern: jede Geburt lebensgefährlich. Kinder, die nur Tage, Wochen oder Monate leben. Männer, die, noch lange nicht alt, plötzlich innerhalb von wenigen Tagen sterben.

Auch die Sprache dieser Welt ist nicht mehr unsere. Die Worte kennen wir noch, aber wir scheuen uns, sie zu gebrauchen: ewig und tief, heilig und rein, wahr, treu und sittlich. Wir sind misstrauisch geworden gegenüber den großen Worten, und manch einer zuckt schon zusammen, wenn bloß von »Seele« die Rede ist.

9

Diese Sprache steht für Werte, die nicht mehr die unseren sind. Wir können das zum Anlass nehmen, diese Welt als überholt abzutun, auf unsere so anders geartete Gegenwart mit ihren so anders gearteten Problemen zu verweisen. Aber wenn wir uns den Lebensgeschichten und Briefen dieser Frauen aus einer vergangenen Welt öffnen, können wir unsere Gegenwart und auch unsere Zukunft mit neuen Augen sehen.

Wir können Entwicklungen zurückverfolgen und vielleicht verstehen, was das ist, das noch heute in uns nachwirkt.

Bettina von Arnim, geb. Brentano

geboren 1785 in Frankfurt am Main
gestorben 1859 in Berlin

Lieber Papa! Nix – die Link ... durch den Jabot gewitscht auf dem Papa sein Herz, die Recht um den Papa sein Hals. Wenn ich keine Händ hab, kann ich nit schreiben. Ihre liebe Tochter Bettine.

Bettine Brentano ist elf Jahre alt, als sie diese Zeilen im Ursulinen-Kloster in Fritzlar schreibt.

Geboren und aufgewachsen ist sie in Frankfurt am Main, und gesagt hätte sie vermutlich dem »Babba sein Hätz«. Bettine sprach Hessisch wie der von ihr vergötterte Goethe auch – schwer vorstellbar für uns Heutige, für die das Dialektsprechen etwas anrüchig geworden ist. Aber nicht darum zitiere ich dieses Kinderbriefchen, sondern weil es mir schon alles zu enthalten scheint, was die spätere Bettine, die berühmt gewordene Bettina von Arnim, ausmacht: die Liebe, die Sehnsucht, die Phantasie, die Gewitztheit, die Einsamkeit, der Mangel an körperlicher Wärme, das Stürmische und die Widersprüchlichkeit.

»Widersprüche auf Widersprüche, bergehoch«, so charakterisiert Karl August Varnhagen sie und fügt hinzu: »mit Blumen überschüttet«.

Da legt ein Kind dem fernen Vater die Hand auf das

11

Herz, in dem offensichtlich nicht mehr genug Platz für sie ist, sonst hätte er nicht verfügt, dass sie und drei ihrer Schwestern »anderanno presto in convento«.

Ab ins Kloster, und zwar schnell – die Kinder stören, der Vater will wieder heiraten, ein halbes Jahr nach dem Tod der Mutter.

Man hat sie abgeschoben, so wird Bettine es empfunden haben. Sie klagt nicht, weder laut noch leise, aber sie ist sich der Situation bewusst, einerseits. Rückblickend wird sie sagen: *Ich habe keinen andern Freund gehabt als mich selber.* Andererseits ist da die Sehnsucht nach dem Vater, eine heftige Sehnsucht, Bettine ist ein leidenschaftlicher Mensch, und sie hat eine lebhafte Vorstellungskraft: Das Rüschenhemd des Vaters und sein Herz darunter und sein Hals – wie sich das alles anfühlt, will sie sich vorstellen, aber schreiben mag sie ihm nicht. Ganz offensichtlich hat es keine Lust dazu, das Bettinchen, vielleicht auch, weil es befürchten muss, dass dieses Herz ungerührt bleibt, aber will doch Papas liebe Tochter sein.

Als die Mutter starb, war sie acht Jahre alt. Da hatte der Vater achtzehn Kinder aus zwei Ehen. Zwölf Kinder hat Bettines Mutter, die einst von Goethe verehrte Maximiliane von La Roche, geboren. Bettine war ihr siebentes. Die Mutter wurde nur siebenunddreißig Jahre alt.

Der Vater, ein angesehener Handelsmann, ist Italiener. Von ihm hat Bettine das südländische Aussehen, das in

Bettina von Arnim.
Aquarellminiatur auf Elfenbein von der Hand
eines unbekannten Künstlers, nicht datiert.

zeitgenössischen Berichten immer wieder hervorgehoben wird.

Pietro Brentano hat das Frankfurter Bürgerrecht erlangt, ist also mehr oder weniger heimisch geworden in der Fremde, spricht aber nur gebrochen Deutsch. »Hart und rau« nennt ihn sein Sohn Clemens: »Verhältnisse mit der Menschheit hatte er wenige.«

Bettine wird später behaupten, von allen Kindern habe er sie am meisten geliebt. Sogar die Mutter habe sie vorgeschickt, wenn es irgendetwas zu erbitten gab – er habe ihr niemals etwas abgeschlagen. Sie wird sich das Leben wohl manchmal geschönt haben, die hässliche Wirklichkeit *mit Blumen überschüttet,* als Kind wie als erwachsene Frau. Andererseits hat diese kleine Person (sie misst etwa einen Meter vierzig) etwas durchaus Nüchternes. Sie bringt sieben Kinder zur Welt und verkauft die Butter ihres Mannes, der als Dichter und Landwirt auf Schloss Wiepersdorf lebt, während sie in Berlin die Kinder großzieht. Sie organisiert Hilfsmaßnahmen für Cholerakranke und mischt sich in das politische Geschehen ein.

Den Erfordernissen des Alltags ist sie also gewachsen.

Sie ist auch pragmatisch genug, ein Buch, von dem sie befürchten muss, dass es verboten wird, einfach unter den Schutz desjenigen zu stellen, in dessen Namen es verboten werden könnte: *Dies Buch gehört dem König.* (Es wurde dennoch verboten.)

Keine Klagen, auch nicht über die vier Jahre bei den Ursulinen, woraus eine ihrer Biographinnen, Ingeborg Drewitz, den Schluss zieht, es sei eine heitere Zeit gewesen. Aufsässig geworden ist sie offenbar nicht. Dafür hat sie im Stillen denjenigen entthront, der den Nonnen der Liebste war:

»Hier liegen wir im Staub vor dir, Gott Zebaoth.« So mussten wir im Kloster singen, und nachdem ich's jedes Mal

mitgesungen hatte, besann ich mich eines Tages … Es schwante mir, als ob dem Gott der Menschen ein Götze gegenüberstehe, der Zebaoth heiße, denn Gott und Mensch konnte ich nicht trennen und kann es noch nicht, und Staub lecken vor dem Zebaoth, das heißt mich eine innere Stimme bleiben lassen, wenn ich Frieden haben wolle mit dem rechten Gott, der in den mondverklärten Wolken abends sich ins Gespräch mit mir einließ über allerlei und mir Recht gab, wo aberwitzige Menschen es besser wissen wollten.

Ob Bettine diese selbstbewusste Sprache noch hätte sprechen können, wenn sie weiter im Kloster erzogen worden wäre?

Vor weiterer Klosterzucht wird sie von dem französischen Revolutionsheer bewahrt, das 1797 in Fritzlar einrückt. Man bringt sie und ihre Schwestern in Sicherheit nach Frankfurt, das die Franzosen schon wieder geräumt haben.

In Frankfurt steht die Zwölfjährige zum ersten Mal seit vier Jahren wieder vor einem Spiegel: *Ich erkannte alle, aber die eine nicht, mit feurigen Augen, glühenden Wangen, mit schwarzem, fein gekräuseltem Haar; ich kenne sie nicht, aber mein Herz schlägt ihr entgegen, ein solches Gesicht hab ich schon im Traum geliebt; in diesem Blick liegt etwas, was mich zu Tränen bewegt, diesem Wesen muss ich nachgehen, ich muss ihr Treue und Glauben zusagen.*

Dem Vater wird in diesem Jahr das zwanzigste Kind geboren – zwei Monate nach seinem Tod.

Sie ist zwölf Jahre alt und hat die wichtigsten Menschen in ihrem Leben schon verloren, die Mutter, den Vater und den ältesten Bruder Peter, der ihr so etwas wie ein Vater war. Die Erinnerung daran, wie er erbleichte, die Treppe hinunterfiel und sie mit sich riss, wird sie später in einer autobiographischen Skizze mitteilen, immer noch nicht recht begreifend, was da geschehen ist.

Nach dem Tod des Vaters wird ihr Halbbruder Franz ihr Vormund. Ein Jahr später heiratet Franz. Bettine hat nun eine Stiefmutter, Antonia. Offenbar kommt Antonia mit dem Kind nicht zurecht. Auf ihren Wunsch wird es an Großmutter und Tante weitergereicht.

Nun lebt Bettine also in Offenbach bei der Großmutter, Sophie von La Roche, die berühmt ist als Jugendfreundin Wielands und Verfasserin von Briefromanen über sittsame Frauen, die unverschuldet ins Unglück geraten.

In der Zeit, in der Bettine in ihr Haus kam, entstand ein Kupferstich von der Großmutter. Weiße Haube, vorgeschobenes Kinn, fest zusammengepresste Lippen. Ihre Zeitschrift *Pomona für Teutschlands Töchter* berichtet über schreibende Frauen in anderen Ländern, aber, auch hier, »Widersprüche, bergehoch«: Sophie von La Roches »wesentliches Erziehungsziel« ist »das Sich-Abfinden mit den Gegebenheiten«.

Zu spät. Bettine hat bereits einen eigenen Sinn, sie ist und denkt *eigen*, im wahrsten Sinne des Wortes, und das offenbar nicht mehr so still wie bei den Nonnen.

Großmutter und Tante bestimmen, dass der klösterliche Handarbeitsunterricht fortgesetzt wird. Man bestellt eine Goldstickerin. *Das junge Mädchen, was uns sticken lehrt, ist eine Jüdin, sie heißt Veilchen, es ist ein recht liebkosender Name und ich band letzt das erste Sträußchen ihrer Namensvettern zusammen, da ging ich ganz früh zu ihr, um sie damit zu überraschen, ich fand sie auf der Treppe mit dem Besen in der Hand, sie war beschämt, ich aber gleich nahm ihr den aus der Hand und sagte, ach, lassen Sie mich auch ein bisschen kehren. Da kam so früh schon, denn es war noch nicht sieben Uhr, der Hofmeister von Eduard Bethmann vorbei, der musste es der Tante gesagt haben, dass er mich vor der Haustür eines Juden auf offener Straße kehrend fand.*

Die Tante macht ihr eine Szene. Auf Französisch erklärt sie Bettine gesellschaftlich für alle Zeiten verloren. Gänzlich weggeworfen habe sie sich, scham- und respektlos sei sie. Sie solle sich vor der Welt verbergen, damit man auf ihrer Stirn nicht entehrende Zeichen ihrer Unverschämtheit sehe.

Bettine, die ihre Tante fürchtet und eigentlich nicht reizen möchte, muss dennoch lachen. *Die Bahn war plötzlich gebrochen, ich glaube, ich werde nie wieder dazu kommen, ihre Anstandsregeln zu akzeptieren.*

Jetzt stickt sie zwar, aber nur für Veilchen, um ihr beim Geldverdienen zu helfen. Die Verachtung, die man den Juden auch in ihrer Familie entgegenbringt (ihr Bruder Clemens bezeichnet sie als »von den ägyptischen Plagen übrig gebliebene Fliegen«) ist ihrem

Wesen fremd. Sie geht durch die Frankfurter Juden-
gasse und sieht *die engen dunklen Häuser. Alles wimmelt,
kein Plätzchen zum Alleinsein, zum Besinnen. Manch schönes Kinderauge und feingebildete Nasen und blasse Mädchen-
wangen füllen die engen Fensterräume, Luft zu schöpfen, und
die Väter in den Haustüren fallen die Vorübergehenden an mit
ihrem Schacher. Ein Volksstrom wogt in der Straße. Da laufen
so viele Kinder herum in Lumpen, die lernen Geld erwerben.
Und die Alten Tag und Nacht sind eifrig, sie in Wohlstand zu
bringen. Das wehrt man ihnen und schimpft sie lästig.*

Im Hause der Großmutter begegnet sie ihrem sieben
Jahre älteren Bruder Clemens und – verliebt sich in ihn.
*Clemente! Ich sah Dich an und kannte Dich nicht und hielt
Dich für einen fremden Mann, der mir aber so wohlgefiel mit
seiner blendenden Stirne und Dein schwarz Haar so dicht und
so weich, und Du setztest Dich auf den Stuhl und nahmst
mich auf einmal in Deine zwei Arme und sagtest: »Weißt Du,
wer ich bin? Ich bin der Clemens!« Und da klammerte ich
mich an Dich, aber gleich darauf hattest Du die Puppe unter
dem Tisch hervorgeholt und mir in den Arm gelegt; ich wollte
aber die nicht mehr, ich wollte nur Dich. Ach, das war eine
große Wendung in meinem Schicksal, gleich denselben Augenblick, wie ich statt der Puppe Dich umhalste.*

Sie schreibt Briefe, zeichnet, musiziert und ist rück-
haltlos verliebt in Clemens.

Weil sie von der Mondgöttin Selene und deren Bruder Hesperos gelesen hat, will sie den beiden opfern, damit sie die Liebe zwischen ihr und Clemens beschützen.

Sie stickt ihren Namen und alle möglichen Zeichen auf ein Beutelchen, legt ein paar Münzen in das mit Gold- und Seidenfäden bestickte Beutelchen, steckt es in einen Schuh und vergräbt das Ganze zwischen den Wurzeln einer Pappel. Erst als sie einen Verwandtenbesuch in Frankfurt machen soll, fällt ihr auf, dass es einer von ihren besten Schuhen war, den sie als Opfergabe für Selene und Hesperos verbuddelt hat. Wohl oder übel gräbt sie den Schuh wieder aus, reinigt ihn an der Pumpe und zieht ihn an, um standesgemäß gekleidet mit ihrer Tante nach Frankfurt zu fahren.

Sie lernt das Stiftsfräulein Karoline von Günderode kennen. Die Günderode ist fünf Jahre älter als sie und ins Haus gekommen, um ihre Großmutter zu besuchen.

Bettine hat eine Freundin gefunden, geht nun häufig in das Stift für adelige junge Damen, sitzt dort im Garten auf einem Baum und liest der Günderode Goethes *Werther* vor.

Ihr Bruder Clemens ist (für eine Weile) aus ihrem Leben verschwunden und so verlagert sie all ihre Liebe auf Karoline. Lieben muss sie und fragen, immer wieder fragen: *Wie mach ich's bloß, dass ich aus dieser Verbannung des Wirklichen erlöst werde?*

Anders als der Freundin wird es ihr gelingen, ein Gleichgewicht zu halten. Sie wird sich selber »einen Götzen schaffen ... und, mit allen Kräften der Seele liebend, ihn beleben und anbeten«. (So umschreibt ihr Bruder Clemens ihre Beziehung zu Goethe.) Und sie wird es vermeiden, ihre Schwermut, ihre Trauer auszuleben.

Als die Günderode sich, einen Monat bevor sie sich aus Liebeskummer in Winkel am Rhein ersticht, von ihr trennt, rettet sie sich zu Goethes Mutter, verlagert übergangslos ihre Zuneigung: *Frau Rat, mir ist an der Stiftsdame Günderode eine Freundin verloren gegangen – die sollen Sie mir ersetzen.*

Anders als die Günderode versteht Bettine es, sich mit der Wirklichkeit zu arrangieren, ohne sich ihr zu beugen. Sie spielt oder sie ist immer auch ein wenig Kind, schwärmerisch, mutwillig, geltungssüchtig.

»Bettine Brentano, die aussieht wie eine kleine Berlinerjüdin und sich auf den Kopf stellt, um witzig zu sein, nicht ohne Geist«, schreibt Caroline Schlegel-Schelling über die Dreiundzwanzigjährige, »ist ein wunderliches kleines Wesen ... innerlich verständig, aber äußerlich ganz töricht, anständig und doch über allen Anstand hinaus, alles aber, was sie ist und tut, ist nicht rein natürlich, und doch ist es ihr unmöglich, anders zu sein. Sie leidet an dem Brentanoischen Familienübel: einer zur Natur gewordenen Verschrobenheit ... Unter dem Tisch ist sie öfter zu finden wie drauf, auf einem Stuhl niemals. Du wirst neugierig sein zu wissen, ob sie dabei hübsch und jung ist, und da ist wieder drollig, dass sie weder jung noch alt, weder hübsch noch hässlich, weder wie ein Männlein noch wie ein Fräulein aussieht.«

Die Familie ist besorgt, dass sie keinen Mann bekommt. »Bettine kann gut werden«, schreibt ihr Bruder Franz, »wenn sie einfach und natürlich bleibt und nicht eigene Länder entdecken will, wo keine weibliche Glückseligkeit zu entdecken ist.«

Als Bettine im Alter von sechsundzwanzig Jahren heiratet, ist sie, nach den Maßstäben der Zeit, ein spätes Mädchen.

Sie heiratet Achim von Arnim, den Freund ihres Bruders Clemens. Er ist vier Jahre älter als sie und wie sie bei der Großmutter aufgewachsen. Seine Mutter starb drei Wochen nach seiner Geburt. Den Vater hat er kaum zu Gesicht bekommen. Bettine und er kennen sich schon seit Jahren, sind sich immer wieder begegnet, haben sich viele Briefe geschrieben, sich nach und nach auf der Grenze zwischen Freundschaft und Liebe aufeinander zubewegt.

Sie heiraten heimlich. Trauzeugen sind die Frau des Pfarrers und Bettines Kammermädchen. Fünf Tage nach der Hochzeit lassen sie die Angehörigen en passant wissen, dass sie Mann und Frau sind.

Achim ist Dichter und Landwirt. Immer häufiger bleibt Bettina in der Stadt, in Berlin, während ihr Mann sein Gut in Wiepersdorf bewirtschaftet. Sie braucht das Stadtleben, die Menschen, die Geselligkeit.

Die Schwangerschaften (sie bringt vier Söhne und drei Töchter zur Welt) sind ihr durchaus nicht immer willkommen. Auch als Ehefrau gelingt es ihr nicht ganz,

Achim von Arnim.
Radierung von Hans Meyer nach einem Gemälde
von Peter Eduard Ströhling, 1880.

den Wunsch zu unterdrücken, eigene Länder zu entdecken. Sie zeichnet, malt, modelliert.

Zu schreiben beginnt sie erst nach Arnims Tod im
Jahre 1831. Sie ist fünfzig, als ihr erstes Buch erscheint –
Goethes Briefwechsel mit einem Kinde.

Bettina war kein Kind mehr – sie war zweiundzwanzig Jahre alt, als sie Goethe in Weimar besuchte und ihm

zu schreiben begann. Schwärmerische, eifersüchtige, stürmisch aufdringliche Briefe. Briefe der Anbetung.

Bettina hatte ihren Gott gefunden.

Goethe ließ es sich gefallen.

Er kannte Bettinas Großmutter, hatte ihre Mutter Maximiliane verehrt und war einst von ihrem Vater aus dem Haus gewiesen worden. Aus Eifersucht. Peter Anton Brentano hatte die innige Nähe zwischen seiner Frau und dem nach dem Erscheinen des *Werther* plötzlich berühmten Dichter nicht mehr mit ansehen wollen.

Das ist lange her und Bettina wird nichts davon wissen. Sie war noch längst nicht auf der Welt, als Johann Wolfgang Goethe in ihrem Elternhaus ein und aus ging und mit ihrer Mutter Musik machte. Er spielte Cello. Sie begleitete ihn auf dem Spinett.

Jahrzehnte später bedankt er sich höflich für die Geschenke ihrer Tochter, einen Stoff, ein Kleid für seine Frau, ein Porträt, das Ludwig Grimm von ihr gezeichnet hat, aber er hält Abstand: »Mehr sage ich nicht, denn eigentlich kann man dir nichts geben, weil du dir alles entweder schaffst oder nimmst.«

Er ist sechzig, sie vierundzwanzig Jahre alt und will sich nicht auf Abstand halten lassen. *Wer resigniert und sich zusammennimmt, der beweist nur, dass er mehr tot als lebendig ist. Ich bin aber nicht tot. Ich habe einen festen, starken Willen, bis in Ewigkeit — und was hast Du dagegen? — Dich zu lieben.*

Es ist sicher auch der Vater, den sie in Goethe liebt, verehrt, bedrängt. So malt sie ihm aus, wie sie sich auf seine Knie setzt, seinen Hals umschlingt, seine Augen küsst, bis er ganz blind ist. Wobei sie durchaus nicht vergisst, dass er ein verheirateter Mann ist. *Ja, ich bin frevelhaft, ich sündige, dass ich Dich umtanze wie eine Mücke das Licht und mir einbilde, ich könnte mehr davon haben, als eine Mücke vom Licht hat.*

Sie ist ein halbes Jahr verheiratet und schwanger, als sie mit ihrem Mann nach Weimar fährt und dort eine Wohnung nimmt.

Achim und Bettina von Arnim machen häufig Besuch bei Goethes. Bettina schreibt entflammte Briefe an den seit nunmehr vier Jahren Angebeteten: *Nimm hin, nimm hin meinen Leib! ... Er drängt sich mit sanfter Gewalt an Deinen Busen ...*

Ihr Mann merkt nichts oder will nichts merken. Aber Goethes Frau Christiane kann nicht mehr an sich halten. Bei einer Ausstellungseröffnung mit Gemälden eines Hofrats Meyer in Goethes Haus am Frauenplan kommt es zum Krach. Christiane beschimpft Bettina, reißt ihr die Brille von der Nase und wirft sie auf den Boden, verbietet ihr das Haus. Bettina beschimpft Christiane als »Blutwurst« (eine Anspielung auf die Körperformen der zwanzig Jahre Älteren). Christiane verlässt laut schimpfend den Saal.

Die Arnims reisen ab.

Als sie sich im darauf folgenden Jahr im selben Ort aufhalten, schreibt Goethe: «Von Arnims nehme ich nicht die mindeste Notiz, ich bin sehr froh, dass ich die Tollhäusler los bin.«

Bettina hält an ihrer Verehrung fest.

Nach dem Tod ihres Mannes verarbeitet sie die Briefe, die sie mit Goethe gewechselt hat, zu ihrem ersten Buch, das im Jahre 1835 erscheint und begeistert aufgenommen wird.

»Die Verfasserin hat ein merkwürdiges Talent zu porträtieren, sowohl Zeiten als Menschen, welches sich mit ihrem Talente zu idealisieren gar wohl verträgt. Es wäre gut, sie gründete eine Unterrichts-Anstalt für die historischen Professoren der deutschen Universitäten, welche die Kunst besitzen, sehr gute Geschichtsbücher zu schreiben, aber nicht die Kunst, sie lesen zu machen.« (Ludwig Börne)

Andere von ihr bearbeitete Briefwechsel folgen, der mit Karoline von Günderode, der mit ihrem Bruder Clemens. Auch dies dem Alltäglichen, dem Banalen entrückte Briefe, aus denen die Schwärmerin spricht und das Verlangen nach Überhöhung.

Diese Schwärmerin aber ist die einzige unter den Frauen der Romantik, die sich auf die Wirklichkeit ihrer Zeit einlässt. Sie bezieht politisch Stellung und setzt sich im Rahmen ihrer Möglichkeiten mit leidenschaftlichem Gerechtigkeitssinn für sozial Benachteiligte und

Nach einem schweren Schlaganfall konnte Bettina von Arnim das Haus
nur noch selten verlassen. Für Unterhaltung war dennoch gesorgt –
Freunde organisierten Musikabende in ihrem Haus.
Einen solchen Quartett-Abend zeigt das Aquarell
von Johann Carl Arnold, 1854–1856.

Missliebige ein: *Ich fühle, es liegt größere Freiheit darin, mit den Unterdrückten die Ketten zu tragen, als mit dem Unterdrücker sein Los zu teilen.*

Für den Dichter und Sekretär der Kaiserslauterner Revolutionsregierung Gottfried Kinkel, der von den Preußen verwundet und gefangen genommen worden war und ohne Bettinas Eingreifen wahrscheinlich hingerichtet worden wäre, verwendet sie sich bei König Friedrich Wilhelm IV. mit den Worten: *Wer nicht zweifelt, der denkt nicht.*

Der fünfundzwanzigjährige Student Heinrich Grunholzer notiert in seinem Tagebuch über die Achtundfünfzigjährige: »Sie ist derb, klar, männlich fest. Man muss es sich gefallen lassen, wenn auf unbesonnene Antworten folgt: ›Sind noch ein unerfahrener Jüngling‹, oder, wenn man schweigt: ›Was gucken Sie mich an? Dürfen Sie nicht heraus mit der Sprache?‹ Dagegen nimmt sie den heftigen Widerspruch nicht übel. Auf dem Sofa macht sie sich ganz bequem.«

Während die meisten Romantiker nach revolutionären Jugendjahren reaktionär werden, fordert Bettina als fast Sechzigjährige politische Freiheit in *Dies Buch gehört dem König*. Karl August Varnhagen: »Sie ist in dieser Zeit der eigentliche Held, die einzige wahrhaft freie und starke Stimme.«

Während der deutschen Revolution von 1848 kämpft sie, wie ihr Freund Karl August Varnhagen in seinem Tagebuch notiert, »leidenschaftlicher als alle Männer« für die Freiheit. Jede Art von Tyrannei ist ihr zuwider, nicht nur gefühlsmäßig – sie durchschaut und benennt die Struktur: »... bis auf den kleinsten Zug ist es immer wieder dasselbe, ungerechte, eigennützige Heuchler, immer dasselbe Ungeheuer der Mittelmäßigkeit.«

Nachdem Bettina im Winter 1856 einen schweren Schlaganfall erlitten hat, hat sie noch drei Jahre zu leben. »Am letzten Abend ihres Lebens«, erinnert sich ihre Tochter Maxe, »waren all ihre Kinder um sie versammelt; nur Friedmund fehlte, der nicht mehr rechtzeitig hatte eintreffen können ... Es war schon um Mitternacht – da bewegte sie die Arme um sich her, uns herbeizurufen ... Dann legte sie ihre Hand auf eines nach dem andern ihrer Kinder – und ihre schöne, große Seele ging hinüber.«

Sie ist vierundsiebzig Jahre alt geworden.

Mit fünfzig schrieb sie in ihr Tagebuch: *Ich habe keinen andern Freund gehabt als mich selber. Ich habe nicht um mich, aber oft mit mir geweint. Ich habe gescherzt mit mir, und das war noch rührender, dass am Scherz auch kein anderer teilnahm. Hätte mir damals einer gesagt, es sucht jeder in der Liebe nur sich, und es ist das höchste Glück, sich in ihr zu finden, ich hätt' es nicht verstanden. Doch ist in diesem kleinen Ereignis eine hohe Wahrheit verborgen, die gewiss nur wenige fassen: Finde Dich, sei Dir selber treu, lerne Dich verstehen, folge Deiner Stimme; nur so kannst Du das Höchste erreichen! Du kannst nur Dir treu sein in der Liebe. Was Du schön findest, das musst Du lieben oder Du bist Dir untreu.*

An Achim von Arnim, im Oktober 1815

Diesmal hab ich Arbeit genug gehabt, und die Zeit ist mir schrecklich schwer und lang geworden. Unser armer Friedmund war krank, den ganzen Mund, Lippen und Zahnfleisch voll erbsengroßer gelber Schwämme, er konnte nicht mehr saugen, meistens trank er nur alle 24 Stunden 2 Mal, und musste ich es mit großer Kunst einrichten, nämlich wenn er schlief, ihm die Milch in den Mund zu spritzen, bis er nass genug war, dann fing er an zu saugen, hundert Mal gelang es aber nicht, mit Herzklopfen legte ich ihn immer an die Brust, Du kannst Dir denken, wie schmerzlich es war, wenn ich ihn auf dem Arm hatte und er fortwährend die Brust fassen wollte, nicht konnte und jammerte; ach Gott, lass mich nicht verzweifeln, hab ich immer gebetet. Am Tag schlief er gar nicht, und nachts musste ich ihn meistens im Zimmer tragen; am 5ten Tag war es so arg, dass ich in aller Früh nach dem Lorenz schickte; nicht um Medizin, er sollte mir nur sagen, ob es nicht Schwämme wären, dieser war aber auf die Leipziger Messe gereist. Die Frau Stolzenhain sagte: Ja, wenn's die Schwämme sind, so braucht man ihm nur ein wenig Safran in den Mund zu

blasen und er wird von Stund an gesund, ich frug noch
mehrere Bauernweiber, deren Kinder alle die Schwämme
gehabt und die mit einem Federkiel zwei bis drei Mal
alle Tage Safran in den Mund geblasen und das ganze
Übel gehoben hatten. Nun schlug ich im Zinck nach,
da steht: Safran ist gut für Fäulung im Munde; zwei
Stunden nachdem ich es das erste Mal getan hatte,
konnte er schon eher saugen, den ändern Tag waren
wieder Schwämme gewachsen, ich machte es noch einmal,
und von der Zeit an ist er wieder gesund. Ich hab Dir
dies express alles geschrieben, damit Du es in der Stadt,
wo man nichts davon weiß und wo man die Kinder
mit allerhand magenverderbendem Saft quält, erzählen
sollst.

Dies ist aber noch nicht alles Malheur; grade den Tag,
wo ich morgens aus Verzweiflung nach dem Arzt ge-
schickt hatte, gab ich das Kind nachmittags der Annliese,
um etwas auszuruhen, ich ging mit Friedmund ganz
hinten in den Garten und machte mein überladenes
Herz durch Tränen leicht, nach einer halben Stunde, wie
ich eben im Begriff war, wieder nach Haus zu gehen,
kommt Rieke gelaufen und ruft: Die Annliese hat den
Blutsturz, das Blut strömt ihr fortwährend aus dem
Munde; wie lange denn schon, sagte ich; »so lange, wie
Sie weg sind«, ich lief nach Haus in wahrhaftem Schre-
cken. Die hatte nun das ganze Haus voll Blut gemacht,
und nun saß sie da und lief ihr das Blut fortwährend
aus dem Mund. Kein Essig war nicht mehr, ich nahm

welchen von den Gurken, ließ ihn ihr schlucken und dann welchen im Munde halten, darauf sammelte sich ein dicker Klumpen geronnenes Blut im Halse, welches ihr noch zwei Tage Stechen verursachte; sie glaubte ihr Leben zu verlieren. Dieser Schrecken, den es mir verursachte, vielleicht mit allem ändern Kummer zusammen, trieb mir die Milch zurück; und nun das Kind, wie der anfing zu saugen, wonach ich mich in den 5 Tagen so sehr gesehnt hatte, war nichts da, und dies hat mich so gejammert, so sehr sehr, davon kann sich keiner einen Begriff machen, der nicht Mutter ist von so einem liebenswürdigen geduldigen Engel; Du glaubst nicht, wie unendlich gescheut dies Kind während den Tagen der Krankheit war. Nun kommen die kleinen Unglücksfälle. Erstens hat Stolzenhain den ganzen Backofen voll Pflaumen verbrennen lassen, 2tens haben die Schweine auf Deinem Gurkenbeet eine Mahlzeit gehalten und sind noch mit den Gurken im Maul verjagt worden. Ich ließ hierauf den Stolzenhain kommen und sagte ihm, er solle ein für alle Mal der Frau Amtmann verbieten, die Schweine herauszulassen. 3tens hat der Glaser allen Kitt ganz dick (was Du kaum glauben wirst) bloß auf meine Fenster verschmiert und etwas weniges auf Deine, als sie nun wieder eingehängt wurden, fiel ein Glas heraus, dann hat der Wind auch wieder eins im roten Zimmer herausgejagt. 4tens hat Friedmund ein Geschwür auf der Brust bekommen wohl zweimal so groß wie Deins, als es in vollem Brand war, hat er nicht gegessen, Fieber gehabt,

31

sich zwei Tage um 4 Uhr schon zu Bette gelegt. Wie es aufging, kam viel Blut heraus und er blutete zugleich aus der Nase, ich hätte dies für Zufall gehalten, wenn er nicht 2 Tage nachher, wie es wieder aufging, wieder aus der Nase geblutet hätte. 5tens hat Maretschke so schrecklich gekocht, als ob die Teufel aus der Hölle wären zu Gaste geladen gewesen, zwei Mal bekam ich abends Suppen, worin stinkige Eier gewesen waren, und einmal eine Biersuppe, da hatte sie das Bier in eine Ölflasche gefüllt, diese war nun ganz teuflisch, ich hielt förmlich die Nase zu und schluckte sie herunter, denn ich war zu müde, um auf eine andere zu warten, dabei habe ich mir den Magen verdorben und kann ich nichts mehr essen, nur noch trinken ...

All dies beschriebene Elend hat mich so abgezehrt, dass ich ganz krank aussehe, einen Abend war ich einer Ohnmacht so nah, dass ich schon nichts mehr sah und hörte; ich hoffe aber, mich bald zu erholen, denn weil Friedmund wieder gesund ist, bin ich so glücklich, dass ich Deine Abwesenheit nicht mehr so sehr empfinde.

Lieber bester Freund, ich hatte einen Brief an Dich angefangen voll Zärtlichkeit und Schmeichelei, aber in der Zeit der Not gab ich ihn dem Kind, welches danach griff zum Spielen ...

Lieber Alter, wenn Du diesen Brief durchliest, so wird Dir vielleicht deutlich werden, warum ich mich manches Mal nach Veränderung des Aufenthaltes sehne, und doch hab ich grad in dieser Zeit gefühlt, dass ich überschwäng-

lich glücklich bin, wenn Du bei mir bist, und dass es
grade recht so ist, wie es ist ...

Diesmal war nun keine Zeit, geliebter Einziger, Dir
tausendmal zu sagen, dass ich Dich liebe; das Leben mit
seinen Sorgen ist über uns zusammengewachsen, und wir
dürfen uns nicht mehr bei dem aufhalten, was wir schon
wissen, wenn wir durchkommen wollen. Ach ich wollt,
ich hing an Deinem Hals und dürft nur Dich ansehen
bis in Tod. Was aber zuletzt in Deinem Brief steht,
daraus wird nichts, bis mein liebes Kind abgewöhnt ist.
Überhaupt sind dies Dummheiten, die bald gar nicht
mehr Mode sein werden.

Deine getreue Bettine
[Auf der Rückseite des Briefes:] *Lieber, Süßester*
unter den Menschenkindern!

An Clemens Brentano, 1835

Lieber Clemente! Ich hab mich sehr über Deinen lieben
dicken Brief gefreut, der so voll Mitleid und Bedauerns
ist, was ich gar nicht brauchen kann, aber es freut mich
doch, dass Du zu eigner musikalischer Unterhaltung
mich Deine arme Schwester nennst; arm bin ich, ich geh
schon 14 Tage damit um, neue Vorhänge zu kaufen und
die Stuben malen zu lassen, da kommt eine unerwartete
Rechnung für Kleider, Hosen und Weste von 71 Talern,
und ich muss in meinem verräucherten Nest sitzen

bleiben ... da ist kein Einziger, der mir um dieses Buches willen den Rücken auch nur um ein Haar breit weniger drehte wie sonst. Und so bin ich einsam wie immer und bin so nicht da für die Welt, als sei ich schon tot, welches recht schön dazu passt, dass die Leute behaupten, ich hätte es erst nach meinem Tode herausgeben sollen, und ich hab's gewagt, aus meinem Grabe heraus zu rufen: Ich bin ja schon tot für euch, denn von der, die dies geschrieben, wisst ihr ja doch kein Wort, und sie will ja nicht genießen und nicht wissen, was ihr dagegen gebt. Der alte Dümler legte mein Buch auf die Waage und befand es viel zu leicht für den Preis; da stand ich beschämtes Kind und wusste nicht, was ich vorbringen sollte, die Menschen um ein Viertelpfund Papier geprellt zu haben, ich habe mich deswegen noch enger in meine Einsamkeit zurückgezogen, um mich nicht verantworten zu müssen.

Du schreibst mir, lieber Clemente – Du wolltest Dein Mitleid mir bewahren, bis ich es brauche, und hoffst, ich werde es nicht verachten, wenn ich es je bedarf – Siehe da, Mitleid! – wunderbares Wort ... es hat mir aber kein Mensch Rat gegeben, ich war einsam in meinem himmlischen Paradieschen und habe nach Eingebung geschaltet und kann niemanden die Schuld aufbürden, diese Bekanntmachung, wie Du selbst sagst, lag in meinem Willen, und ich hab es mit vollkommener Überlegung getan, und keines anderen Menschen Willen würde mich haben stören können. Manche Leute haben gesagt, es hätte nach meinem Tode sollen herausgegeben werden, wie dumm! – ich bin ja tot für die Welt, kein Mensch weiß von mir, und ich hab auch gar keine Neigung, wieder lebendig unter den Menschen zu werden.

Clemente, vieles sagst Du, was boshaft lautet, Du sagst aber immer dazwischen, Du wolltest mir nicht wehtun! –

Ei Clemens, Du tust mir nicht weh, wenn Du sagst, ich habe das heiligste Geheimnis meines Lebens für zehn Gulden jedem feilgeboten, ich laufe als Goethes Monument in der ganzen Welt herum, ich habe eine Hexenbrühe aus meiner Natur und Gottes Gnade gemacht, so tut mir Görres auch nicht weh mit dem Unheil, das er mit seiner Rezension gemacht; ich habe sie vor wenig Tagen erst gelesen, die meisten Menschen sagten, sie sei höchst boshaft gegen mich und Goethe, ich las sie, weil ich's nicht glauben konnte; nun ich sie gelesen habe, fühle ich wohl, dass ich mich ihrer wie als des Geschenks eines freundlich Gesinnten freuen werde.

Karoline von Günderode

geboren 1780 in Karlsruhe
gestorben 1806 in Winkel

Sie war eine radikale und verletzliche Frau, schüchtern, aber unbeugsam, leidenschaftlich, aber spröde. Sie wünschte sich, ein Mann zu sein, und war doch eine Frau, die in den Tod ging, weil ein geliebter Mann sich von ihr abwandte. Sie war kompromisslos und zerrissen. Gespalten zwischen dem Verlangen nach Hingabe, Nähe, Auflösung und dem Willen zu Selbstständigkeit, Abstand, Form und ist doch nicht nur an den Widersprüchen gescheitert, die sie in sich nicht vereinbaren konnte, sondern auch an dem Frauenbild ihrer Zeit, dem sie sich einerseits nicht fügen, andererseits aber auch nicht unterordnen konnte.

»Sie war so sanft und weich in allen Zügen wie eine Blondine. Sie hatte braunes Haar, aber blaue Augen, die waren gedeckt mit langen Wimpern; wenn sie lachte, so war es nicht laut, es war vielmehr ein sanftes gedämpftes Girren, in dem sich Lust und Heiterkeit sehr vernehmlich aussprach ... ihr Wuchs war hoch, ihre Gestalt war zu fließend, als dass man es mit dem Wort schlank ausdrücken könnte; sie war schüchtern freundlich und viel zu willenlos, als dass sie in der Gesellschaft sich bemerkbar gemacht hätte. Einmal aß sie bei dem

Karoline von Günderode.
Lithographie von Valentin Schertle, 1800.

Fürsten Primas mit allen Stiftsdamen zu Mittag; sie war
im schwarzen Ordenskleid mit langer Schleppe und
weißem Kragen mit dem Ordenskreuz; da machte jemand die Bemerkung, sie sehe aus wie eine Schein-
gestalt unter den anderen Damen, als ob sie ein Geist
sei, der eben in die Luft zerfließen werde.«

So sah Bettina von Arnim die geliebte Freundin zu
einer Zeit, da diese in einem Brief an Bettinas Schwes-

ter Gunda über sich selber sagte: *Schon oft hatte ich den unweiblichen Wunsch, mich in ein wildes Schlachtgetümmel zu werfen, zu sterben. Warum ward ich kein Mann! ich habe keinen Sinn für weibliche Tugenden, für Weiberglückseligkeit. Nur das Wilde, Große, Glänzende gefällt mir. Es ist ein unseliges, aber unverbesserliches Missverhältnis in meiner Seele; und es wird und muss so bleiben, denn ich bin ein Weib und habe Begierden wie ein Mann, ohne Männerkraft. Darum bin ich so wechselnd, so uneins mit mir.*

Karoline von Günderode wurde im Jahr 1780 in Karlsruhe geboren. Nach ihrer Geburt kamen noch fünf Geschwister, jedes Jahr ein Kind.

Die Mutter scheint mit den Kindern nicht viel im Sinn gehabt zu haben. In den erhalten gebliebenen Briefen der Günderode wird sie nur ein einziges Mal erwähnt – da soll die Mutter nicht wissen, dass sie sich verliebt hat. Und später verweigert sie den Kindern das väterliche Erbteil – die überlebenden Geschwister strengen einen Prozess an.

Der Vater, ein badischer Kammerherr aus einem verarmten Adelsgeschlecht, starb, als Karoline sechs Jahre alt war.

Sie wächst auf im Umkreis des winzigen Hofes von Hanau. Was die Mutter ihr mitgibt, ist die Liebe zur Literatur. Schon früh beginnt Karoline Gedichte zu schreiben – wie die Mutter.

Als mit dem Sturm auf die Bastille die Französische Revolution beginnt, ist sie neun Jahre alt, und als Napoleons Staatsstreich der Revolution ein Ende macht, ist sie neunzehn und lebt in einem evangelischen Stift für mittellose adelige Damen in Frankfurt. Das Stift liegt am Roßmarkt und grenzt an den Garten der Familie Gontard, bei der Friedrich Hölderlin Hauslehrer war. Von dem Tod Susette Gontards, Hölderlins *Diotima*, wird sie zumindest gehört haben.

Sie lebt zusammen mit zwölf anderen Frauen, die alle wesentlich älter sind als sie. Die Satzung, die für den Eintritt ins Stift ein Mindestalter von dreißig Jahren vorsah, wurde ihretwegen geändert.

Die Mahlzeiten werden gemeinsam eingenommen. Karoline ist so unsicher, dass sie sich fürchtet, das Tischgebet laut herzusagen. Aber sie hält die anderen Damen aus ihrem Leben heraus. Keine von ihnen findet je Erwähnung in ihren Briefen.

Wann immer es möglich ist, zieht sie sich in ihre kleine Wohnung zurück: zwei spärlich möblierte Kammern. In der einen wohnt sie, in der andern schläft sie. Dort gibt es auch eine Kommode, auf der eine Waschschüssel mit einem Wasserkrug steht.

Das Stift ist kein Kloster, nur eine »geistliche Anstalt zur Bewahrung weiblicher Sittsamkeit«. Karoline darf ein und aus gehen, darf Besuche machen und empfangen, darf auch reisen, allerdings nicht, ohne vorher um Erlaubnis gefragt zu haben. Sie macht von diesen Möglichkeiten Gebrauch, doch ihr alltägliches Leben ähnelt dem einer Nonne: Es ist still und zurückgezogen. Sie liest viel, lernt viel, geht streng mit sich um, bemüht sich um Selbstzucht. Schreibt Gedichte, Dramen, Prosa und unzählige Briefe an ihre Freundinnen: *Recht viel wissen, recht viel lernen und nur die Jugend nicht überleben. Recht früh sterben.*

Oft hat sie Kopfschmerzen, dann liegt sie im abgedunkelten Zimmer. Und sie hat das, was wir Heutigen Depressionen nennen: *Es freut mich nichts, es schmerzt mich nichts Bestimmtes, ich bin in dem elendesten Zustand, dem des Nichtfühlens, des dumpfen kalten Dahinschleppens. In diesem Zustand hasse ich mich selbst.*

Es ist das Lesen und das Schreiben, das ihr immer wieder hilft, ins Gleichgewicht zurückzufinden, doch ist dies ein schwankendes, stets bedrohtes Gleichgewicht – und sie ist nicht glücklich damit, dass sich der größte Teil ihres Lebens auf dem Papier abspielt: *Auch die wahrsten Briefe sind nur Leichen, sie bezeichnen ein ihnen einwohnend gewesenes Leben, und ob sie gleich dem Lebendigen ähnlich sehen, so ist doch der Moment ihres Lebens schon dahin; deswegen kömmt es mir aber vor (wenn ich lese, was ich vor einiger Zeit geschrieben habe), als sähe ich mich im Sarg liegen, und meine beiden Ichs starren sich ganz verwundert an.*

Bei offiziellen Gelegenheiten muss sie das schwarze Ordenskleid tragen. Als die Stiftsfräulein bei einem hohen kirchlichen Würdenträger zum Essen eingeladen sind, verliert sie ihr Ordenskreuz. Das Kreuz ist unter den Tisch gefallen, und sie wagt nicht, sich zu bücken, es einfach aufzuheben. Tastet mit dem Fuß danach, ist so verwirrt, dass der Gastgeber ihre Not bemerkt, das Kreuz aufhebt und fragt, ob er es ihr wieder anheften darf. Die Vorsteherin des Stifts eilt zu ihrer Rettung. Sie ist so beschämt, dass sie nachts nicht schlafen kann und noch am nächsten Tag rot wird, wenn sie daran denkt.

Sie ist neunzehn Jahre alt, als sie sich heftig verliebt. *Zürnen möchte ich mir selbst, dass ich mein Herz so schnell einem Manne hingab, dem ich wahrscheinlich ganz gleichgültig bin.*

Gleichgültig ist sie dem Mann, dem angehenden Rechtswissenschaftler Friedrich Carl von Savigny, nicht, aber vielleicht ein bisschen unheimlich. Er spürt ihre Zerrissenheit, weiß nicht, ob er »dem Gerücht glauben soll, nach dem sie kokett, prüd oder ein starker männlicher Geist sein müsse, oder ihren blauen Augen, in denen viel sanfte Weiblichkeit wohnt«.

Jahre später, nachdem er seine Erfahrungen mit ihr gemacht und sich für ihre Freundin Gunda entschieden hat, schreibt er ihr: »Ich meine nämlich, dass eine gewisse hingebende Weichheit gar nicht zu Ihrem eigentlichen Wesen gehört.«

Auch er hat die Eltern früh verloren, aber im Gegensatz zu ihr ist er vermögend, kann unbelastet von Geldsorgen studieren und sogar seinen in der Studienzeit mittellosen Freund Friedrich Creuzer unterstützen.

Als er Karoline kennen lernt, ist er zwanzig Jahre alt. Sie gehen miteinander spazieren, lesen einander vor, wechseln Briefe. Karoline, die gerade eine unglückliche Leidenschaft überwunden hat, fängt an, leise zu hoffen. Sie treffen sich bei Freunden, treten miteinander auf den Balkon hinaus und – schweigen. Ihr klopft das Herz. Sie wartet darauf, dass er etwas sagt, ihr seine Liebe erklärt. Schließlich fragt er sie, wie es ihrem Bruder geht. Das war es nicht, was sie hören wollte. Sie stürzt ab. Lässt sich aber nichts anmerken.

Jahre später fragt sie ihn, ob er nicht »etwas Ordentlicheres« hätte sagen können. Jahre später lässt er sie wissen, wie sehr sie ihn zuweilen gekränkt hat: »Man spricht viel von den Leiden des jungen Werther, aber andere Leute haben auch ihre Leiden gehabt, sie sind nur nicht gedruckt worden.«

Um ihre Schroffheit wird sie selber nicht gewusst haben. Womit sie sich auskannte, das war ein Gefühl des Ungenügens und eine ständige untergründige Scham: *Ich verstumme und bin beschämt, grade wo andere sich schämen müssten, und das geht so weit in mir, dass ich die Leute um Verzeihung bitte, die mir Unrecht getan haben, aus Furcht, sie möchtens merken.*

Der Mann, in den sie leidenschaftlich verliebt ist, der ihr Fühlen und Denken beherrscht, auf den sie hinlebt, steht am Kutschenschlag und will ihr beim Einsteigen helfen. Sie ist aus irgendeinem Grunde verärgert und knallt die Tür zu. Er kann die Hand nicht mehr rechtzeitig zurückziehen und hat noch Wochen danach Schmerzen in der eingeklemmten Hand. Er wird vorsichtig. Bleibt ihr verbunden, aber wendet sich ihrer Freundin Gunda zu.

Gunda, Bettine Brentanos große Schwester, ist so alt wie Karoline, ein solides, bürgerliches Mädchen, das offenbar weiß, was es will: »Günderödchen, wenn er Dir schreibt, musst Du mir seine Briefe schicken, ich schicke sie Dir gleich zurück oder bringe sie mit, wie Du willst.«

Karoline wehrt sich: *Von Savigny habe ich gestern einen Brief bekommen, den willst Du haben, ich soll Dir ihn schicken, welch ein Einfall! Den hat Dir sicher der böse neidische Geist der Eifersucht eingegeben.*

Der Ton ihrer Briefe an die Freundin wird hart. Sie tadelt sie. Sie maßregelt sie. Sie sagt ihr: *Da habe ich viel zu tun, Gundel, wenn ich allen Groll gegen Dich aus meinem Herzen verbannen soll.*

Savigny gegenüber wirft sie ihre geistige Überlegenheit in die Waagschale, macht sich lustig über die eher unbedarfte Freundin, die plötzlich Englisch lernt und Shakespeare im Original liest. Gunda müsse wohl krank sein. Sie habe ihr geraten, einen Arzt aufzusuchen. Sie ist eifersüchtig, doch sie kommt nicht aus ihrer Deckung: *Gunda behauptet, ich habe eine kleine Leidenschaft für Sie, aber es ist nicht, gewiss nicht.*

Zu dieser Zeit ist sie schon mit Bettine befreundet, die später von ihr sagt: »Sie war Meisterin im stillen Hingeben und Sich-selbst-Verleugnen.«

Diese Meisterin der Selbstverleugnung ist so eifersüchtig, dass sie Gunda bei Savigny regelrecht verpetzt, wegen eines kleinen Flirts mit einem Engländer. Gleichzeitig macht sie Gunda heftige Vorwürfe, weil sie »dem Engländer« geschrieben hat: *Du bist gar zu wohlfeil mit Deinen Briefen ... es fehlt Dir überall am rechten Stolz, wie an der rechten Demut.*

Sie ist dreiundzwanzig Jahre alt, als Friedrich Carl von Savigny und Gunda Brentano sich verloben. Und sie fügt sich: *Ihr beide gehört nun zu meinem Schicksal.*

Es ist der Winter des Jahres 1803. Die Tage sind kurz und dunkel. Im Stift ist es kalt. Karoline merkt, dass sie es doch nicht ertragen kann, dem Liebesglück der beiden zuzuschauen, dabei zu sein als die, die leer ausgegangen ist. Auch wenn sie sich in ihren Briefen an Savigny schon lange »der Freund« nennt und von ihm mit »lieber Freund« angesprochen wird und er ihr bescheinigt, dass sie »wahrhaft ohne Koketterie« sei, so haben sich ihre Hoffnungen doch zerschlagen: Sie muss befürchten, im Stift zu verdorren. Und sie beschließt, mit dem Paar zu brechen, teilt Gunda ihren Entschluss mit.

Gunda redet ihr gut zu. Sie gibt nach. Gemeinsam schreiben sie einen Brief an Savigny. *Ich wollte, dass irgendein sichtbares Band mich an Euch bände, wenn ich doch Ihr Bruder wäre oder Gundelchens Schwester; ich würde es nicht schöner finden, aber sicherer. Die Verhältnisse der Verwandtschaft sind so unzerstörbar und kein Schicksal kann sie auflösen.*

Jetzt bezeichnet sie das Gefühl, aus dem heraus sie

von Trennung sprach, als *Fremdling, der ihr unwillkommen einen Besuch abstattete.* Unterwirft sich, macht sich klein. *Das Gundelchen ist doch sehr gut gegen mich ... ist gar nicht mehr traurig darüber und gar nicht böse auf mich, Sie dürfen es also auch nicht sein, gewiss nicht?*

Friedrich Carl von Savigny und Gunda Brentano heiraten im Mai 1804. Im April, einen Monat bevor er ihre Freundin heiratet, schickt sie ihm ein Gedicht über einen Kuss, den er ihr im Traum gegeben hat.

Die Hochzeit wird auf seinem Gut Trages gefeiert. Karoline ist dabei, bewahrt Haltung, lässt sich nichts anmerken. Das hat sie gelernt, darin ist sie geübt: sich nichts anmerken lassen.

Der Freundin Bettine gegenüber hat sie sich nichts anmerken lassen von ihrer Leidenschaft für Savigny und sie auch nicht wissen lassen, dass sie die Verfasserin eines soeben unter dem Pseudonym *Tian* erschienenen Sammelbandes *Gedichte und Phantasien* ist. Doch hat die Bettine eines der Gedichte wiedererkannt (Karoline hatte es ihr früher einmal vorgelesen) und ihrem Bruder Clemens davon erzählt.

Clemens, der einst für Karoline entflammt war und sie nach seiner Art erst rüde bedrängt und dann wüst beschimpft hatte, hat ihr gerade einen begeisterten Brief geschrieben und bei der Gelegenheit um Verzeihung für seine Untaten gebeten.

Nach der Hochzeit bleibt sie noch ein paar Tage auf Gut Trages, dann fährt sie zurück ins Stift. Dort findet sie einen weiteren Brief von Clemens vor, der ihre Prosa »klar, gedrängt und bescheiden« nennt. Das Einzige, was man der ganzen Sammlung vorwerfen könnte, »wäre, dass sie zwischen dem Männlichen und dem Weiblichen schwebt«.

Wie ein Echo die Anrede in einem Brief von Bettine aus diesen Tagen: *Lieber Günther …*

Bettine ist mittlerweile neunzehn Jahre alt. Als die Günderode sie bei einem Besuch kennen lernte, der ihrer Großmutter, Sophie von La Roche, galt, war sie fünfzehn. Ein junges Mädchen, das zu der fünf Jahre älteren Günderode aufsah und sie im Stift besuchen kam.

Karolines kleine Wohnung dort liegt zu ebener Erde. Eine der Kammern hat eine Tür, die in den Garten führt. Bettine klettert auf einen Baum und liest ihr von da aus vor. Karoline steht am Fenster und hört zu.

An diesen Augenblick erinnerte sich Bettine Jahrzehnte später, nachdem sie sieben Kinder geboren hatte, Witwe geworden war und die Briefe der Günderode wieder las, um sie zu einem Briefroman zu verarbeiten.

Für sie war diese Beziehung die wichtigste Frauenfreundschaft in ihrem Leben: »Das meiste und Beste, was ich geworden bin, habe ich der Günderode zu verdanken.«

Die Günderode aber hielt Abstand, ließ das heftige, übermütige junge Mädchen nur an ihrem geistigen, nicht aber an ihrem Gefühlsleben teilnehmen.

Sie übernimmt die Rolle der mütterlichen Freundin und genießt die ins Erotische hinüberspielende Verehrung des jungen Mädchens.

Einmal kommt Bettine zu ihr. Sie zeigt ihr einen Dolch mit silbernem Griff, den sie auf einem Markt gekauft hat. Bettine nimmt den Dolch in die Hand und fährt mit dem Finger über die Klinge. Schneidet sich. Es blutet. Karoline ist entsetzt.

Bettine, die anders als ihre todesverliebte Freundin mit allen Sinnen dem Leben zugewandt ist, sagt: »Du bist so zaghaft und kannst kein Blut sehen, und gehst mit einer Idee um, die den höchsten Mut voraussetzt ... und wenn ich jetzt mit dem Messer auf dich eindringe ...«

Karoline weicht zurück. Bettine dringt mit erhobenem Dolch auf sie ein. Karoline flüchtet in ihre Schlafkammer und sucht hinter einem Ledersessel Deckung. Bettine sticht auf den Sessel ein, Rosshaar quillt heraus, fliegt im Zimmer umher. »Sie stand flehend hinter dem Sessel und bat, ihr nichts zu tun.

Ich sagte: ›Eh ich dulde, dass du dich umbringst, tu ich's lieber selbst.‹

›Mein armer Stuhl!‹, rief sie.

›Ja was, dein Stuhl, der soll den Dolch stumpf machen.‹«

Bettine sticht weiter auf den Sessel ein und wirft schließlich den Dolch weit von sich. Er landet unter dem Sofa.

*Karoline von Günderode (links) und ihre Freundin Bettine
(die Dolchszene). Zeichnung von Heinrich Lossow, undatiert.*

Bettine führt Karoline in eine Weinlaube im Garten, reißt die Reben ab, wirft sie ihr vor die Füße und trampelt darauf herum. »So misshandelst du unsere Freundschaft.«

Karoline ist beschämt.

Drei Monate nachdem Gunda und Savigny geheiratet haben, fährt sie nach Heidelberg, um eine Jugendfreundin zu besuchen. Und verliebt sich in den Altertumswissenschaftler Friedrich Creuzer.

Ich weiß nicht, wie es kam, schreibt sie später an Savigny, dem sie sich nun auch dadurch verbunden fühlt, dass er ein alter Freund von Creuzer ist, *aber ich hatte ihm immer etwas zu sagen, das die andern nicht hören sollten, und ihm ging es ebenso, die Daub aber wollte nie aus der Stube gehen, wenn er zu mir kam, und erschwerte überhaupt meine Gespräche mit ihm auf alle Art, ich glaube, dass dies schuld war, dass ich emsiger suchte, ihn allein zu sehn, und dass ich die Augenblicke, wo ich es ungestört konnte, mit einer gewissen Leidenschaftlichkeit benutzte, um ihm etwas Freundliches und Erfreuliches zu sagen.*

Als Bettine, mittlerweile bei dem Ehepaar Savigny in Marburg lebend, Creuzer bei einem Besuch von der Günderode reden hört, als habe er »ein Anrecht auf ihre Liebe«, wird sie von Eifersucht gepackt.

Creuzer nimmt irgendein Kind auf seinen Schoß, fragt es, wie es heißt. Das Kind heißt Sophie wie Creuzers dreizehn Jahre ältere Frau.

Creuzer drückt das Kind an sich: »Solange ich hier bin, sollst du Karoline heißen. Karoline, gib mir einen Kuss.« Bettine entreißt ihm das Kind, läuft durch den Garten, steigt auf einen Turm. Sitzt eine Weile schluchzend dort oben. Kommt wieder herunter, begegnet Creuzer auf der Treppe, schreit ihn an: »Weg aus meinem Weg, fort!«

Als sie ein paar Monate später wieder in Frankfurt ist und die Günderode besuchen will, steht die stocksteif in ihrer Kammer und sieht sie kalt an.

»›Günderod‹, rief ich, ›darf ich hereinkommen?‹

›Nein‹, sagte sie, ›komm nicht näher, kehre wieder um, wir müssen uns doch trennen.‹

›Was heißt das?‹

›So viel, dass wir uns ineinander geirrt haben und dass wir nicht zusammengehören.‹«

Bettine läuft nach Hause und bittet ihre Schwester Meline, mit ihr ins Stift zu gehen.

Bettine wartet draußen, während ihre Schwester drinnen mit Karoline redet. Vergebens. Meline kommt heraus und zieht sie schweigend mit sich fort.

Bettine konnte nicht ahnen, dass der Bruch mit ihr ein Opfer war, das die verzweifelte Günderode ihrem Liebsten brachte. Der antwortete auf einen Brief, in dem sie ihm davon berichtete: »Dass das Weinen der Bettine Dir schmerzlich war, begreife ich und fühle, wie ich Veranlassung bin ... Zum Weinen hätte sie freilich Gründe genug. Sie könnte darüber weinen ... dass sie egoistisch ist und kokett und faul und entfremdet von allem, was liebenswürdig ist.«

Als die Günderode sich in Creuzer verliebte, war der seit vier Jahren mit der Witwe seines Professors verheiratet und ihren Kindern »ein zweiter Vater«. Er war dreiunddreißig, neun Jahre älter als Karoline und seit kurzem Inhaber eines Lehrstuhls.

Knapp zwei Monate nach der ersten Begegnung in Heidelberg besucht er sie in Frankfurt. Er versichert ihr, dass er sie liebe und nicht mehr so weiterleben könne wie bisher, sich von seiner Frau trennen wolle.

Lange bleiben kann er nicht. Er muss zurück nach Heidelberg, Vorlesungen halten, seinen Verpflichtungen nachkommen. Doch sie wechseln Briefe, leidenschaftliche, dem Alltag entrückte, verklärende Liebesbriefe. Für ihn ist sie die »Herrliche«, die »Große«, die »Poesie selbst«. Für sie ist es eine Freude, an den Tag zurückzudenken, *an welchem wir uns zuerst fanden, als ich Dir mit einer ehrfurchtsvollen Verlegenheit entgegentrat, wie ein lernbegieriger Laie dem Hohepriester.*

Ein paar Wochen nach seinem Besuch in Frankfurt stellt seine Frau ihn zur Rede. Wahrscheinlich hat sie einen Brief von Karoline gefunden.

Karoline reagiert sofort. Dies solle ihr letzter Brief an ihn sein. Heimlich wolle sie ihm nicht schreiben. *Ich habe keine Ansprüche an Sie … Es ist nur schlimm, dass Sie sich für selbstständiger halten, als Sie sind, und dass Sie sich nicht eingestehen wollen, dass Sie eigentlich Ihrer Frau in vielem Sinne angehören.*

Dieser »letzte« ist der erste von neun Briefen, die die eifersüchtige Sophie beim Herumschnüffeln gefunden und – abgeschrieben hat. Erhalten sind nur diese neun von Creuzers Frau abgeschriebenen Briefe, die weit über hundert Jahre später im Nachlass der Nachkommen von Frau Creuzer gefunden wurden. Alle anderen, zum Teil in griechischer Schrift (damit Sophie sie nicht lesen konnte) geschriebenen Briefe der Günderode sind verloren gegangen. Die von Creuzer an Karoline sind erhalten geblieben und wurden im Jahre 1912 veröffentlicht. Der Band umfasst 300 Seiten.

Eine Liebe auf dem Papier. Einige wenige Besuche von Creuzer in Frankfurt, ein paar Begegnungen in Gasthöfen, mehr nicht. Und auch nicht mehr als Küsse und Umarmungen. Er kommt »an ihr Herz zu liegen«, aber das ist alles. Nicht ohne Grund nennt er sie einmal »sanctissima virgo«, heiligste Jungfrau.

Er bewundert ihre literarischen Arbeiten – und fürchtet sie: »Weh man hat gar nicht mehr den Mut, Dich kindlich zu necken und in Liebe untertan zu machen (wie wir Männer doch wollen), wenn man solche Weisheit betrachtet. Du schreckst Deinen Eusebio ab. Wahrhaftig, Du musst töricht sein, wenn ich komme, und durch liebendes Spiel mir Mut machen. – Du musst Dich Deiner Trefflichkeit entäußern – sonst kann ich ja bei Dir nicht froh werden.«

Er kümmert sich um einen Verleger, schläft weit weg
von seiner Frau und lässt seine Lina nur mit leisem Vorwurf wissen, dass er ein junger Mann sei, der schon
lange entbehrt, »was im Leben das Köstlichste ist«.

Einen Tag von seiner Frau verlassen, macht er die
Erfahrung, wie das ist, ohne sorgendes Weib im Haus,
will sich doch lieber nicht scheiden lassen.

Karoline aber bleibt »der Freund«, spielt das Spiel,

das sie mit Savigny begonnen hat, weiter. Wenn sie etwas nicht direkt sagen will, lässt sie »den Freund« sprechen, und er geht auf das Spiel ein, nennt sie »lieber Freund« oder »Freund, Freund«.

Sie will ihm, der einen Ruf an die Moskauer Universität erhalten hat, in Männerkleidern folgen, als sein Schüler, immer bei ihm sein.

Dieser Brief fällt Sophie in die Hände. Sie schreibt ihn ab. Sie schreibt auch ab, was Karoline ihm zu sagen hat, als er Ende Juni 1805, knapp ein Jahr nach ihrer ersten Begegnung, einen Rückzieher zu machen versucht:

Ich fasse die Änderung deiner Gesinnung nicht. Wie oft hast du mir gesagt, meine Liebe erhelle, erhebe dein ganzes Leben, und nun findest du unser Verhältnis schädlich. Wie viel hättest du ehemals gegeben, dir dies Schädliche zu erringen. Aber so seid Ihr, das Errungene hat Euch immer Mängel … Mir ist, du seist ein Schiffer, dem ich mein ganzes Leben anvertraut, nun brausen aber die Stürme, die Wogen heben sich. Die Winde führen mir verwehte Töne zu, ich lausche und höre, wie der Schiffer Rat hält mit seinem Freunde, ob er mich nicht über Bord werfen soll oder aussetzen am öden Ufer? … Glaube nur nicht, ich betrüge dich und mich mit heuchlerischer Entsagung, denn noch habe ich nicht den Gedanken recht gedacht, von dir verlassen zu werden. Nein, ich halte dich noch fest in meinen Armen, willst du entkommen, musst du gewaltig dich losreißen.

Im September willigt Sophie in die Scheidung ein.

Sicherheitshalber wendet Karoline sich an Savigny und bittet um Unterstützung: *Sie kennen Creuzers Frau, und haben Einfluss auf ihre Entschließungen, wenn Sie ihm jemals gut waren, oder mir, so bitte ich Sie herzlich, wenn Sie können, tun Sie etwas für unsere Wünsche; so wie es ist, kann es nicht bleiben, und aufhören zu lieben kann ich nicht, und er kann es nicht, auch in ein entfernteres Verhältnis zu einander können wir nicht treten, es ist unmöglich.*

Den Brief schickt sie erst Wochen später ab.

Sie schreibt auch an Sophie, so unterwürfig, dass es Creuzer nicht recht ist.

Savigny rät ihr, sich an Creuzers Freund Karl Daub zu wenden. Daub lehrt in Heidelberg Theologie und Philosophie, er antwortet und fordert »Entsagung«.

Entsagen?, schreibt sie an Savigny. *Ich will gar nicht davon reden, was dadurch aus mir wird, aber ich weiß gewiss, weil Du mir gut bist, wirst Du nachher wünschen, ich möchte es nicht getan haben.*

Und an Daub im Hinblick auf Sophie: *Es kann ihr nicht wohl sein im Bewusstsein, dass sie einen Mann zwinge, ihr zu bleiben, dessen ganzes Wesen sich wegsehnt von ihr, und selbst dann, wenn sie ihn so behaupten wollte, besäße sie ihn nicht, denn man besitzt nur, von dem man geliebt wird, oder sie besäße ihn wie der Kerker den Gefangenen ... Ihm leben oder sterben, ich lasse mir selbst keine andere Wahl mehr.*

Und an Creuzer, der ratlos ist, angesichts der »tötenden Güte« seiner Frau: *Ich will alles tun, was Sie wollen, wenn nur Sie den Freund nicht verkennen. Haben Sie, seit er Sie liebt, ihn nicht gehorsam, demütig, Ihnen ergeben gefunden?*

All dies im Oktober 1805.

Ein halbes Jahr später deutet sich das nahende Ende an: *Ich habe neulich einen fürchterlichen Augenblick gehabt. Es war mir, ich sei viele Jahre wahnsinnig gewesen und erwachte eben zu Besinnung und frage nach Dir und erfahre, Du seist längst tot. Dieser Gedanke war Wahnsinn, und hätte er länger als einen Augenblick gedauert, er hätte mein Gehirn zerrissen.*

Im Juni besucht er sie noch einmal in Frankfurt. Danach wird er krank, liegt mit einem »Nervenfieber« danieder.

Daub schreibt an Karolines Freundin Susanne von Heyden, dass Creuzer krank sei und die Beziehung beenden wolle. Die Heyden will es nicht glauben, schreibt zurück, fragt an, ob Creuzer etwa gestorben sei. Daub erwidert, Creuzer sei nicht gestorben, sondern auf dem Wege der Besserung und entschlossen, Schluss zu machen.

Susanne von Heyden wendet sich an Lotte Servière, die zusammen mit Karoline auf dem Landgut eines Kaufmanns in Winkel am Rhein zu Gast ist, und bittet sie, Karoline vorzubereiten. Sie legt einen Brief an Karoline bei und die beiden Schreiben von Daub.

Karoline, die schon sehnsüchtig auf Post gewartet hat, fängt den Boten ab, nimmt den Brief mit den Einlagen entgegen, obwohl er nicht an sie gerichtet ist und die Heyden die Adresse mit verstellter Schrift geschrieben hat.

Als sie aus ihrem Zimmer kommt, begegnet sie ihrer Freundin Lotte.

Karoline wirkt heiter und ruhig, sagt, sie wolle am Rhein spazieren gehen.

Erst als sie zum Abendessen noch nicht zurück ist, wird den Menschen im Haus klar, dass etwas nicht stimmt.

Sie gehen in ihr Zimmer, finden die Briefe und ein paar Zeilen an Creuzer. *Ich sende dir ein Schnupftuch ... Ich habe es lange, um es zu weihen, auf meinem Herzen getragen. Dann habe ich mir die linke Brust, gerade über dem Herzen aufgeritzt und die hervorgehenden Blutstropfen auf dem Tuch gesammelt ...*

Im Morgengrauen findet sie ein Bauer. Sie liegt am Wasser unter Weidengebüsch.

Der Dolch, den sie nicht nur der Bettine, sondern auch Achim und ihrem Bruder Hektor zeigte, steckt in ihrer Brust.

Es ist Sommer, der 26. Juli 1806.

Begraben wurde sie an der Mauer des Friedhofs von Winkel, in die eine Tafel eingelassen ist mit den (von Herder übersetzten) Worten eines indischen Weisen, die sie am Tage ihres Todes abgeschrieben und leicht verändert hat:

Erde, du meine Mutter, und du mein Ernährer der
Lufthauch
Heiliges Feuer mir Freund und du, o Bruder, der
Bergstrom,
Und mein Vater, der Äther, ich sage euch allen mit
Ehrfurcht
Freundlichen Dank; mit euch hab ich hienieden gelebt
Und ich gehe zur ändern Welt, euch gerne verlassend,
Lebt wohl denn, Bruder und Freund, Vater und Mutter
lebt wohl!

Friedrich Creuzer überlebte seine Frau Sophie, heiratete wieder und wurde siebenundachtzig Jahre alt.

An Bettine, Herbst 1805

Es kömmt mir bald zu närrisch vor, liebe Bettine, dass
Du Dich so feierlich für meinen Schüler erklärst, ebenso
könnte ich mich für den Deinen halten wollen, doch
macht es mir viele Freude, und es ist auch etwas Wahres
daran, wenn ein Lehrer durch den Schüler angeregt wird,
so kann ich mit Fug mich den Deinen nennen. Gar viele
Ansichten strömen mir aus Deinen Behauptungen zu
und aus Deinen Ahnungen, denen ich vertraue, und
wenn Du so herzlich bist, mein Schüler sein zu wollen,
so werd ich mich einst wundern, was ich da für einen
Vogel ausgebrütet habe.

Deine Erzählung vom Bostel ist ganz artig, nichts lieber tust Du, als die Sünden der Welt auf Dich nehmen, Du trägst keine Last an ihnen, sie beflügeln Dich vielmehr zu Heiterkeit und Mutwillen, man könnte denken, Gott habe selber sein Vergnügen an Dir. Aber dahin wirst Du es nicht bringen, dass die Menschen Dich als etwas Bessers achten, als sie selber sind. Doch wie auch Genie sich Luft und Licht mache, es ist immer ätherischer Weise, und war es selbst den Ballast des Philistertums auf den Flügeln tragend. In solchen Dingen bist Du gebornes Genie, darin kann ich nur Dein Schüler sein und trachte auch mit großem Fleiß Dir nachzukommen, es ist ein spaßiges In-die-Runde-Laufen, dass während Dich jedermann so oft über Deine so genannte Inkonsequenzen verklagt, ich heimlich mir Vorwürfe mache, dass mein Genie hierzu nicht ausreicht. – »Sorglos über die Fläche weg, wo vom kühnsten Wager die Bahn Dir nicht vorgegraben Du siehst.« – Immerhin nur das Einzige tue mir, und fange nicht alles untereinander an, in Deinem Zimmer sah es aus wie am Ufer, wo eine Flotte gestrandet war. Schlosser wollte zwei große Folianten, die er für Dich von der Stadtbibliothek geliehen hat und die Du schon ein Vierteljahr hast, ohne drin zu lesen. Der Homer lag aufgeschlagen an der Erde, Dein Kanarienvogel hatte ihn nicht geschont. Deine schöne erfundne Reisekarte des Odysseus lag daneben und der Muschelkasten mit dem umgeworfenen Sepianäpfchen und allen Farbenmuscheln drum her, das hat einen braunen Fleck auf Deinen schönen Strohteppich gemacht, ich habe mich bemüht, alles wieder in Ordnung zu bringen. Dein Flageolett, was Du mitnehmen wolltest und vergeblich suchtest, rat, wo ich's gefunden habe? – Im Orangenkübel auf dem Altan war es bis ans Mundstück in die Erde vergraben, Du hofftest wahrscheinlich auf einen Flageolettbaum da bei Deiner Rückkunft aufkeimen zu sehen, die Liesbet hat den Baum übermäßig begossen, das Instrument ist angequollen, ich hab es an einen kühlen Ort gelegt, damit es gemächlich wieder eintrocknen kann und nicht berstet, was ich aber mit den Noten anfange, die daneben lagen, das weiß ich nicht, ich hab sie einstweilen in die Sonne gelegt, vor menschlichen Augen darfst Du sie nicht mehr sehen lassen, ein sauberes Ansehen erhalten sie nicht wieder. –

Dann flattert das blaue Band an Deiner Gitarre, nun schon seitdem Du weg bist, zum großen Gaudium der Schulkinder gegenüber, so lang es ist, zum Fenster hinaus, hat Regen und Sonnenschein ausgehalten und ist sehr abgeblasst, dabei ist die Gitarre auch nicht geschont worden, ich hab die Liesbet ein wenig vorgenommen, dass sie nicht so gescheut war, das Fenster zuzumachen hinter den dunklen Plänen, sie entschuldigte sich, weil's hinter den grünseidnen Vorhängen versteckt war, da doch, sooft die Türe aufgeht, die Fenster vorn Zugwind sich bewegen. Dein Riesenschilf am Spiegel ist noch grün, ich hab ihm frisch Wasser geben lassen, Dein Kasten mit Hafer und was sonst noch drein gesäet ist, ist alles durch-

einander emporgewachsen, es deucht mir viel Unkraut
drunter zu sein, da ich es aber nicht genau unterscheiden
kann, so hab ich nicht gewagt, etwas auszureißen; von
Büchern hab ich gefunden auf der Erde den Ossian, die
Sacontala, die Frankfurter Chronik, den zweiten Band
Hemsterhuis, den ich zu mir genommen habe, weil ich
den ersten Band von Dir habe. Im Hemsterhuis lag bei-
folgender philosophischer Aufsatz, den ich mir zu
schenken bitte, wenn Du keinen besondern Wert darauf
legst, ich hab mehr dergleichen von Dir, und da Dein
Widerwille gegen Philosophie Dich hindert, ihrer zu
achten, so möchte ich diese Bruchstücke Deiner Studien
wider Willen beisammen bewahren, vielleicht werden sie
Dir mit der Zeit interessanter. Siegwart, ein Roman der
Vergangenheit, fand ich auf dem Klavier, das Tintenfass
draufliegend, ein Glück, dass es nur wenig Tinte mehr
enthielt, doch wirst Du Deine Mondscheinkomposition,
über die es seine Flut ergoss, schwerlich mehr entziffern.
Es rappelte was in einer kleinen Schachtel auf dem Fens-
terbrett, ich war neugierig sie aufzumachen, da flogen
zwei Schmetterlinge heraus, die Du als Puppen hinein-
gesetzt hattest, ich hab sie mit der Liesbet auf den Altan
gejagt, wo sie in den blühenden Bohnen ihren ersten
Hunger stillten.

Unter Deinem Bett fegte die Liesbet Karl den
Zwölften und die Bibel hervor, und auch – einen Leder-
handschuh, der an keiner Dame Hand gehört, mit einem
französischen Gedicht darin, dieser Handschuh scheint

unter Deinem Kopfkissen gelegen zu haben, ich wüsste nicht, dass Du Dich damit abgibst, französische Gedichte im alten Stil zu machen, der Parfüm des Handschuh ist sehr angenehm und erinnert mich und macht mich immer heller im Kopf, und jeden Augenblick sollte mir einfallen, wo des Handschuh Gegenstück sein mag; indes sei ruhig über seinen Besitz, ich hab ihn hinter des Granachs Lukretia geklemmt, da wirst Du ihn finden, wenn Du zurückkommst; zwei Briefe hab ich auch unter den vielen beschriebenen Papieren gefunden, noch versiegelt, der eine aus Darmstadt, also vom jungen Lichtenberg, der andre aus Wien. Was hast Du denn da für Bekanntschaft? –

Und wie ist's möglich, wo Du so selten Briefe empfängst, dass Du nicht neugieriger bist, oder vielmehr so zerstreut. –

Die Briefe hab ich auf Deinen Tisch gelegt. Alles ist jetzt hübsch ordentlich, so dass Du fleißig und mit Behagen in Deinen Studien fortfahren kannst.

Ich habe mit wahrem Vergnügen Dir Dein Zimmer dargestellt, weil es wie ein optischer Spiegel Deine aparte Art zu sein ausdrückt, weil es Deinen ganzen Charakter zusammenfasst; Du trägst allerlei wunderlich Zeug zusammen, um eine Opferflamme dran zu zünden, sie verzehrt sich, ob die Götter davon erbaut sind, das ist mir unbekannt.

[Nachschrift:] Wenn Du Muße findest, so schreib bald wieder.

An Friedrich Creuzer, 23. April 1805

*Ich habe diese Nacht einen wunderbaren Traum gehabt,
den ich nicht vergessen kann. Mir war, ich lag zu Bette,
ein Löwe lag zu meiner Rechten, eine Wölfin zur
Linken und ein Bär mir zu Füßen! Alle halb über mich
her und in tiefem Schlaf. Da dachte ich, wenn diese Tiere
erwachten, würden sie gegeneinander ergrimmen und sich
und mich zerreißen. Es ward mir fürchterlich bange und
ich zog mich leise unter ihnen hervor und entrann. Der
Traum erscheint allegorisch, was denken Sie davon?
Seitdem mir eingefallen, was Ihnen die Heyden schreiben
wird, ist mein guter Geist von mir gewichen; ich wandle
in wunderlichen Planen herum. Es ist mir innerlich
unruhig und alles fremd. Sie selbst sind mir fremd, nicht
der Empfindung, sondern der Kluft nach, die ich zwischen Ihnen und mir weiß und deutlicher einsah. Ich bin
wie ausgestoßen aus meiner süßen Heimat und bin unter
meinen eigenen Gedanken so wenig an meinem Platz
wie diese Nacht unter den Raubtieren, die der seltsame
Traum mir zu Genossen gab.*

An Friedrich Creuzer, 6. Oktober 1805

*Es ist sehr gut von Ihnen, dass Sie mir so bald geschrie-
ben. Es ist mir jetzt auch in meinem Gemüte viel besser,
obgleich ich die Lage der Sache sehr schlimm finde. Ich*

wünsche sehr, Sie möchten von Heidelberg weggehn können. Wenn der Krieg, wie doch wahrscheinlich ist, sich dorthin spielt, versprechen Sie mir, dass Sie alsdann das Möglichste dazu tun wollen. Denken Sie doch an Russland und Ihre alten Pläne! Vergessen Sie nicht, den Tag zu bestimmen, wann Sie hierher kommen. Ist es abends spät, so kommen Sie den Vormittag um 10 Uhr zu mir; ist es aber den Vormittag, so kommen Sie um halb 3, das ist eigentlich die ruhigste Zeit. Sie können den Schwarz um 5 Uhr zu mir bestellen; zu 3 darf man desgleichen wohl unternehmen, 2 aber ist hier als eine gefährliche Zahl verrufen. An der Haustüre sagen Sie Ihren Namen nicht und gehen gerade zu; treten Sie jedoch mit gesetzter Fassung ein. Der Zufall könnte wollen, dass gerade jemand bei mir wäre.

Der Freund hat mir gesagt, wenn dieser Krieg ihm und seinen Wünschen gefährlich werden sollte, so wollte er, Dir bewusst, Kleidung anziehen, entlaufen und bei Ihnen Bedienter werden. Wegjagen können Sie ihn doch nicht, und er wollte sich so fein verstellen, dass man ihn nicht erkennen sollte. Das wollte er Ihnen gelegentlich alles begreiflich machen. Wollen Sie ihn aber alsdann der öffentlichen Meinung wegen nicht aufnehmen, so wolle er den Tod suchen. Doch was brauche ich das zu schreiben? Bei allem, was er sagt, ist immer hauptsächlich zu merken, wie er Ihnen von ganzer Seele ergeben ist. Eifersüchtig ist er stets ein wenig und jetzt mehr als sonst. Es freut ihn daher sehr, wenn man beruhigt. Wenn Sie

hierher kommen, will ich Ihnen noch mancherlei darüber
sagen. Es wäre besser, Sie zögerten nicht so mit hierher
Reisen. Savigny wird noch immer erwartet.

Gestern kam Savigny. Er war mir sehr freundlich. Ich
habe vor einigen Tagen in einem Brief an ihn unser Ver-
hältnis historisch auseinander gesetzt. Diesen Brief habe
ich nicht weggeschickt, ich will ihn ihm heute geben. Es
wird mir so nicht schwer, als wenn ich ihm alles erzählen
müsste. Er bleibt noch heute und morgen und geht dann
doch auch nichts dagegen. Das versprach er mir, es freute
ihn, dass Du Daub vertraut, den er für denjenigen hält,
der am besten darüber urteilte. Mündlich mehr davon.

Komm bald und schreibe mir zuvor: Meine Seele ist
düster. Wenn Du mir wieder schreibst, so schreibe nur
unbedeutende Sachen, aus denen man nichts schließen
kann.

Einige Stellen Ihres Briefes haben mir ein schweres
Nachdenken erregt. Ihre Freunde fürchten, ich sei Ihrer
unwürdig. Wenn ich nicht zu leben wüsste, wie es Ihren
Wünschen und Umständen gemäß ist, so wäre ich aller-
dings Ihrer unwürdig. Ob ich Willen und Fähigkeit dazu
habe, wird gefragt. Ich weiß, dass ich ewig nur streben
werde, so zu sein und zu handeln, wie es Ihnen lieb ist,
wie es Ihrer innersten Natur geziemt, wie es Ihr äußeres
und inneres Leben schön und sorgenfrei erhalten kann.
Mehr weiß ich nicht zu antworten. Mein Leben möge
mich rechtfertigen, nicht meine Worte. Daub kennt mich
nicht, das sehe ich aus seinem Urteil von meiner Kühn-

heit, die ich mir wohl wünschen möchte. Die Rudolphi
hat mich zweimal gesehen. Was sie von mir weiß, ist
durch die Daub und Clemens, darüber kann ich mich
nicht verteidigen. Sie wissen selber, wie das ist. Schwarz
findet bedenklich, dass ich der neuen Philosophie anhan-
ge. Soll ich mich entschuldigen über das, was ich vortreff-
lich in mir finde? Ich verstehe nicht, in welchem Zusam-
menhang dies mit meinem gefürchteten Untalent, Sie zu
beglücken, steht. Und doch: Ich will ihm schreiben, wenn
Sie es wünschen. Ich will alles tun, was Sie wollen, wenn
nur Sie den Freund nicht verkennen. Haben Sie ihn, seit
er Sie liebt, nicht gehorsam, demütig, Ihnen ergeben ge-
funden? Hat er etwas gegen Sie getan, das nur das
kleinste Misstrauen gegen ihn rechtfertigen könnte?
Lassen Sie doch sein Leben reden, nicht Fremde, die es
nicht verstehen. Meine Liebe können Sie doch nur allein
verstehen, und jedes Urteil, das nicht von dieser ausgeht,
ist falsch. Wenn Sie hierher kommen, richten Sie es ein,
dass es in Heidelberg niemand erfährt; es wäre nicht gut,
wenn man es wüsste. Faber hat mir auch wieder geschrie-
ben. Er empfiehlt mir noch dringender das Geheimnis,
weil die Erhaltung meines Vermögens davon abhängt.

An Friedrich Creuzer, 18. November 1805

Mein ganzes Leben bleibt Dir gewidmet, geliebter, süßer
Freund. In solcher Ergebung, in so anspruchsloser Liebe

werd ich immer Dir angehören, Dir leben und Dir
sterben. Liebe mich auch immer Geliebter. Lass keine
Zeit, kein Verhältnis zwischen uns treten. Den Verlust
Deiner Liebe könnte ich nicht ertragen. Versprich mir,
mich nimmer zu verlassen. O Du Leben meines Lebens,
verlasse meine Seele nicht. Sieh, es ist mir freier und
reiner geworden, seit ich allem irdischen Hoffen entsagte.
In heilige Wehmut hat sich der ungestüme Schmerz
aufgelöst. Das Schicksal ist besiegt. Du bist mein über
allem Schicksal. Es kann Dich mir nicht mehr entreißen,
da ich Dich auf solche Weise gewonnen habe.

An Friedrich Creuzer (ohne Datum, wahrscheinlich an
ihrem Todestag geschrieben)

Ich sende dir ein Schnupftuch, das für dich von nicht
geringerer Bedeutung sein soll als das, welches Othello
der Desdemona schenkte. Ich habe es lange, um es zu
weihen, auf meinem Herzen getragen. Dann habe ich
mir die linke Brust grade über dem Herzen aufgeritzt
und die hervorgehenden Blutstropfen auf dem Tuch
gesammelt. Siehe, so konnte ich das Zarteste für dich
verletzen. Drücke es an deine Lippen; es ist meines
Herzens Blut! So geweiht, hat dieses Schnupftuch die
seltene Tugend, dass es vor allem Unmut und Zweifel
verwahrt. Ferner wird es dir ein zärtliches Pfand sein.

Rahel Varnhagen, geb. Levin

geboren 1771 in Berlin
dort gestorben 1833

Über Rahel Varnhagen, eine der herausragenden Frauengestalten der deutschen Romantik, ist viel geschrieben worden. Zahlreich sind die Biographien und zahlreich die seit ihrem Tod im Jahre 1833 erschienenen Ausgaben ihrer Briefwechsel.

Sie hat mit Hunderten von Frauen und Männern korrespondiert, weit über zehntausend Briefe geschrieben, war schon in jungen Jahren berühmt in den Kreisen von Dichtern und Gelehrten und sah sich doch als eine, die *falsch geboren* ist: *Aus der Welt hat mich Geburt gestoßen.*

Rahel ist Jüdin, aufgewachsen in einer Zeit, in der nur eine einzige jüdische Familie in Berlin den Bürgern der Stadt gleichgestellt war. Ihr Vater, der Bankier und Juwelenhändler Markus Levin, ist »Schutzjude«, hat sich, acht Jahre vor ihrer Geburt, mit einem »Schutzbrief« das Recht erkauft, sich in Berlin niederzulassen.

Mehr als dieses Recht gewährt der «Schutzbrief« nicht. Auch »Schutzjuden« dürfen, wie alle anderen Juden, Berlin nur durch zwei der vielen Tore der Stadt betreten oder verlassen. Sie sind nicht einmal Bürger zweiter Klasse. Sie haben überhaupt keine Bürgerrechte, dürfen kein zünftiges Handwerk ausüben und sind sowohl von der Bodenbestellung als auch von allen staatlichen Ämtern ausgeschlossen.

In Rahels Jugend muss noch die gesamte jüdische Gemeinde für die Schulden, die kleinen Vergehen und die großen Verbrechen jedes Einzelnen haften, und sie wird ihr Leben lang unter dem leiden, was sie ihre *infame Geburt* nennt.

Im Traum sieht sie die Gottesmutter der Christen. Diese hat das Gesicht von Henriette Schleiermacher. Bettine Brentano ist auch dabei. Die drei sind *vom Leben geschieden* und erzählen einander von ihren Schmerzen, durchleiden sie noch einmal, um sie für immer loszuwerden.

Kränkung, Liebeskummer und Ungerechtigkeiten, das kennen die beiden anderen auch. Doch als Rahel sie, die nicht mit dem Makel des Judentums behaftet sind, fragt: *Kennt Ihr Schande?*, sehen sie einander bedeutungsvoll an und rücken von ihr ab. Und Rahel schreit: *Ich habe nichts* getan. Getan *hab ich nichts. Ich habe nichts* getan. *Ich bin unschuldig.*

Die Mutter brachte sie nach vielen Frühgeburten als das erste lebende Kind zur Welt. Vermutlich war sie enttäuscht, dass es ein Mädchen war. Jedenfalls wurde der ein Jahr später geborene Sohn Markus ihr Lieblingskind.

Rahel ist sieben, als ein weiterer Bruder geboren wird, zehn, als ihre Schwester Rose, und vierzehn, als noch einmal ein Bruder zur Welt kommt.

Fünf Jahre später stirbt der Vater. Sein Tod bringt ihr Erleichterung. *Angeschrien, überschrien, beseitigt, unberücksichtigt, die ganze lange Jugend durch.* Bei sich sehen, wen sie will, ungestört Besuch haben, kann sie erst seit dem Tode des Tyrannen. *Er war der geistreichste und witzigste Despot, den man sich denken kann, und eben deshalb der verletzendste ... Sein Wille war sein höchstes Gesetz und unter diesem eisernen Willen litt seine ganze Familie.*

Sie hat Bewunderer, Verehrer, Freunde, aber sie alle können nicht rückgängig machen, was vor ihnen einer geprägt hat – der Vater, *der mein überzartes und starkes Herz übersah und es brach, brach. Mir jedes Talent zur Tat zerbrach, ohne solchen Charakter schwächen zu können. Nun arbeitet dieser ewig verkehrt wie eine Pflanze, die nach der Erde hineintreibt: die schönsten Eigenschaften werden die hideusesten* [grässlichsten].

Lange bevor sie liebt und enttäuscht wird, ist Rahel schon eine Geschädigte. Aber auch eine, die Kraft hat, mit der Beschädigung zu leben und darüber hinaus intensiv Anteil zu nehmen am Ergehen anderer, eine Frau, die »über alles reflektiert, am meisten über sich selbst« und die doch auf etwas anderes vertraut: *Das Herz ist ganz im Dunklen, ganz allein, möchte man sagen, und weiß ganz allein alles besser. Nur wenn man dahin sieht, findet man Erkenntnis; weil die verwirrenden Lichter der ganzen Welt nicht hingelangen; und es wie ein Maß einer andern Welt in uns lebt; als ein Ja oder Nein; sonst nichts.*

Häufig krank, entmutigt, verletzt, gekränkt, am Ende ihrer Kräfte, steht sie doch immer wieder auf, um weiterzuleben. *Gott hat mir ein störrisches und sanftes Herz geschaffen, ich habe es niemals ändern können.* Und mit diesem störrischen und sanften Herzen übersteht sie, was andere Frauen ihrer Zeit zu trockenen alten Jungfern gemacht hätte.

Die Mutter, geistig beschränkt und unselbstständig, überlässt ihr die Erziehung der jüngeren Geschwister. Sie versucht, es anders zu machen als ihre Eltern: ... *drum zwing ich sie zu nichts, ihr freier Wille ist ihre einzige Mitgift ... den so wenig zu stören als möglich ist das Einzige, was wir ihnen geben können.* Der Versuch scheint gelungen zu sein – der kleine Bruder Liepman, der als Schriftsteller den Namen Ludwig Robert angenommen hat, nennt sie noch als Vierzigjähriger »Vater, Freund und Schwester«.

Rahel hat gegeben, was sie nicht bekommen hat: *Mir wurde* nichts *gelehrt; ich bin wie in einem Walde von Menschen erwachsen.* Was man ihr beibrachte, war Hebräisch, Französisch, Klavierspielen und Handarbeiten. Alles andere musste sie sich selber aneignen.

Sie las viel: Lessing, Schiller, Shakespeare, Dante und später Goethe, den sie schon verehrte, als er noch nicht der Halbgott seiner Nation war. Und sie wechselte Briefe, lernte von und mit ihren Freunden und litt unter den Grenzen, die ihr von der Familie gesetzt waren: *Mein ewiges Verstellen, meine Vernünftigkeit, mein einziges*

Nachgeben, welches ich selbst nicht mehr merke, und meine Einsicht verzehren mich, ich halt es nicht mehr aus.

Sie leidet, aber sie beugt sich nicht. Sie gibt nicht wirklich nach. Will sich nicht einengen lassen. Auch nicht von den Lehren der Religion: *Der Mensch ist ein Geist! Der soll nicht vom Baum der Erkenntnis fressen sollen?! Wovon soll er denn fressen?! Das wäre noch schöner!*

Der Salon, den sie nach dem Tode des Vaters in der Dachstube des Elternhauses führt, wird von der Familie missbilligt. Die Mutter wirft ihr Verschwendung vor, wegen des dünnen Tees, den sie den Gästen servieren lässt. Der Bruder Markus, der den väterlichen Nachlass verwaltet und ihr das Geld zuteilt, sieht in diesem Salon nichts als »eine Welt voll dicker, verpesteter Luft, in der sich schwer atmen lässt«. Nachmittags gegen fünf kommen die ersten Gäste, ohne Einladung, einer bringt den andern mit.

Man unterhält sich in kleinen Gruppen, liest vor, hört Musik. Pflegt Freundschaften und Feindschaften. Friedrich Schlegel nennt Rahels Salon »ihre Menagerie«. Und geht doch gerne hin.

Er lebt seit 1797 in Berlin und hat sich in Dorothea Veit, die verheiratete Tochter des Philosophen Moses Mendelssohn, verliebt.

Rahel, die mit Dorothea befreundet ist, nimmt regen Anteil an der Beziehung. Liest den Roman, den Schlegel daraus macht. Befürwortet die Veröffentlichung, obwohl sie den Skandal voraussieht.

Rahel Levin. Punktierstich von Karl Eduard Weber, 1817.

Es kommen Adelige und Bürger, Juden und Christen, Gelehrte und Künstler: die Brüder Humboldt und die Brüder Tieck, Friedrich Schleiermacher und Jean Paul, Friedrich Gentz, Adelbert von Chamisso, Friedrich de la Motte-Fouqué und Clemens Brentano, der an seine in Heidelberg zurückgebliebene Frau Sophie schreibt: »Ich war gestern bei der berühmten Mademoiselle Levi ... sie ist über dreißig Jahre alt, ich hielt sie für fünfundzwanzig, ordentlich klein, aber graziös; sie ist ohne Anspruch, erlaubt dem Gespräch jede Wendung bis zur Unart, bei welcher sie jedoch nur lächelt, sie selbst ist äußerst gutmütig und doch schlagend witzig. Dass Prinz Louis Ferdinand und Fürst Radziwill zu ihr kommen, erregt vielen Neid, aber sie macht nicht mehr daraus, als ob es Lieutenants oder Studenten wären, mit so viel Geist und Talent wie jene würden ihr diese ebenso willkommen sein.«

Rahel selbst jedoch wäre den meisten ihrer Gäste ganz und gar nicht willkommen gewesen. Sie besuchten sie gerne, genossen die geistreiche Unterhaltung, aber sie war und blieb eine Jüdin, die man herablassend »die Kleine« nannte oder »die kleine Levi«.

Auch Prinz Louis Ferdinand von Preußen, der um die Jahrhundertwende fast täglich zu ihr kam und sie seine »Beichtigerin« nannte, wäre nie auf den Gedanken gekommen, sie zu einem seiner Empfänge zu bitten.

Eine *Falschgeborene*, wie sie es nennt, ist Rahel jedoch nicht nur als Jüdin, sondern auch als Frau ihrer Zeit:

74

Kann ein Frauenzimmer dafür, wenn es auch ein Mensch ist? ... Ein ohnmächtiges Wesen, dem es für nichts gerechnet wird, nun so zu Haus zu sitzen, und das Himmel und Erde, Menschen und Vieh wider sich hätte, wenn es wegwollte (und das Gedanken hat wie ein anderer Mensch), und richtig zu Haus bleiben muss, und das, wenn's mouvements [Bewegungen] *macht, die merklich sind, Vorwürfe aller Art verschlucken muss, die man ihm mit raison* [gutem Grund] *macht.*

Rahel hat das Unglück, selbstständig zu denken und zu wünschen, und sie leidet mehr als andere unter der Unselbstständigkeit, zu der sie als Frau verurteilt ist. Und weil ihr Denken über die schicklichen Grenzen hinausgeht, weil sie, den Geboten weiblicher Klugheit zum Trotz, das Gedachte auch noch zum Ausdruck bringt, weil sie besessen ist von Wahrheitsliebe und Gerechtigkeitssinn, mangelt es ihr an dem, was in den Augen ihrer Zeitgenossen eine Frau zur anziehenden Frau macht: *Ich habe keine Grazie; und nicht einmal die, einzusehen, woran das liegt: außer dem, dass ich nicht hübsch bin, habe ich keine innere Grazie.*

Es gibt Zeiten, in denen sie auf Verständnis hofft: *Könnt ich mich nur den Menschen aufschließen, wie man einen Schrank öffnet; und, mit einer Bewegung, geordnet die Dinge in Fächern zeigt. Sie würden gewiss zufrieden sein; und sobald sie's sähen, auch verstehen.* Und es gibt Zeiten, in denen sie vom Selbsthass überwältigt wird: *Es existieren zwei Abbildungen von mir, ein Basrelief von Tieck ...*

und das Bild, welches bei meinem Bruder hängt; beide find ich sehr ähnlich, und es sind mit die widerwärtigsten Gesichter für mich, die ich kenne.

Ihr Jugendfreund David Veit braucht ihr nur schriftlich ein kleines Kompliment zu machen, und schon bricht es aus ihr heraus: *Recht, Veit, loben Sie mich als Frau, das hab ich am liebsten. Das streiten mir alle am liebsten ab.*

Vierundzwanzig Jahre alt, verliebt sie sich in Karl Graf von Finckenstein. Sie ist in die Königliche Staatsoper Unter den Linden gegangen, um Righinis Musik zu hören. In der Nachbarloge sitzt ein junger Mann, der ihr von dem Musikdirektor Anselm Weber vorgestellt wird. Er ist groß, blond und wohlerzogen, sie klein und schwarzhaarig, mit tiefblauen Augen. Sie unterhalten sich über Musik. Rahel bemerkt, dass er schüchtern ist, obwohl die Finckensteins zu den angesehensten Adelsfamilien Preußens gehören.

Das Glück dauert nur kurze Zeit. Er will sie heiraten, doch seine Familie ist gegen eine Ehe mit der mittellosen Jüdin. Und er, eingebettet in seinen Clan (er hat zehn Geschwister), kann sich nicht ohne das traute Familienleben auf Gut Madlitz sehen. Er zögert die Heirat hinaus, will sich nicht entscheiden. Sie ruft ihm zu: *Steh nicht mit jedem Fuß an einem andern Ufer.*

Vier Jahre lang schleppt die Beziehung sich hin. Rahel führt ihren Salon weiter, aber das ist es nicht, was sie will: *Du kennst mein Leben. Wie es war, ist es. Ich lebe gar nicht ... Alles, was mich umgibt, will ich nicht, und was ich will, hab ich nicht.*

Am Ende ist sie es, die die Verlobung löst. Doch sie fühlt sich vernichtet. Und es wird sie wohl kaum wieder aufgerichtet haben, als Henriette Herz ihr schrieb, Finckenstein habe »nicht mehr Charakter als dazu gehört, eine schöne Uniform zu unterstützen ... Sein Herz kommt mir gerade vor wie eine Uhr für Kinder. Sie hat das Zifferblatt, aber sie geht nicht«.

Rahel wird krank. Wie schon früher oft in seelischen Krisen, ist Krankheit ihre letzte Zuflucht. Sie ist sich dessen bewusst und kann es doch nicht ändern. Schwere Erkältungen plagen sie, Migräne-Attacken, auch Herzkrämpfe, später kommen Gicht und Rheuma hinzu.

Sie ist einunddreißig Jahre alt, als sie den spanischen Legationssekretär Don Raphael d'Urquijo kennen lernt, der durch einen Bekannten in ihrem Salon eingeführt wird. Sie verlobt sich ein zweites Mal. Es ist die Liebe ihres Lebens, eine Leidenschaft, der sie sich bedingungslos hingibt, nicht mehr die reflektierende, fragende, suchende, geistvolle Rahel, nur hingebende, sich selbst verleugnende Frau.

Es ist ihr *spanisches Fegefeuer*, über das sie zehn Jahre später sagen wird: *Da kann man sehen, wie tief der Mensch sinken kann.*

Offenbar gelingt es ihr nicht, sich ganz zu verleugnen, denn d'Urquijos Freunde warnen ihn, »so viel Geist und

Klugheit, wie Rahel besitze, könne er sich doch unmöglich beimessen, und so könne er nicht anders als der Betrogene sein«.

D'Urquijo ist maßlos eifersüchtig. Sie liebt ihn *bis zur Tollheit.* Lebt nur für ihn. Zieht sich um seinetwillen aufs Land zurück. Vergebens. Er quält sie, sagt ihr wieder und wieder, dass er sie liebe, aber nicht schätze.

Zwei Jahre hält die Verlobung, dann erklärt er ihr, dass er sie schätze, aber nicht mehr liebe. *Da packt' ich mord-*

Salon-Gesellschaft bei Rahel Levin.
Radierung von Erich M. Simon, undatiert.

gewaffnet mein eigen Herz mit meiner Hand; und ging; wie aus dem Leben.

Doch sie führt ihren Salon weiter. Die Gäste unterhalten sich, lesen vor, musizieren. Unter ihnen ist noch immer Louis Ferdinand, Prinz von Preußen, ein lebenslustiger und trinkfreudiger Neffe Friedrichs II., der Rahel in seiner Nähe haben will, wenn er musiziert oder Karten spielt – dann muss sie neben ihm sitzen und ihm Glück bringen.

Er und Rahel sind etwa gleichaltrig, doch macht er sie im Laufe der Jahre zu seiner Beichtmutter, zur Vertrauten seiner Liebe zu zwei Frauen. Die eine ist Henriette Fromm, mit der er zwei Kinder hat, die andere Rahels Freundin Pauline Wiesel. Pauline ist nicht irgendeine Freundin, sondern der weibliche Mensch, der ihr im Leben am nächsten steht. Die beiden Frauen haben vieles gemeinsam. Beide sind unkonventionell, unabhängig in ihrem Denken und Fühlen, beide lieben die Natur, die sie »das Grüne« nennen, und die ihnen beiden lebenswichtig ist. *Es ist nur ein Unterschied zwischen uns*, schreibt Rahel an Pauline, *Sie leben alles; weil Sie Mut haben und Glück hatten; ich denke mir das meiste; weil ich kein Glück hatte und keinen Mut bekam; nicht den, dem Glücke das Glück abzutrotzen, es ihm aus den Händen zu ringen; ich habe nur den des Tragens erlernt; aber groß verfuhr die Natur in uns beiden ... Und auf verschiedenem Wege sind wir zu einem Punkt gelangt. Wir sind neben der menschlichen Gesellschaft ... Und somit sind wir ausgeschlossen aus*

der Gesellschaft. Sie, weil Sie beleidigten. Ich gratuliere dazu!
So hatten Sie doch etwas; viele Tage der Lust …

Es sind gewiss auch *diese Tage der Lust*, diese Fähigkeit
der Freundin, sich *als Frau* auszuleben, immer wieder
Männer an sich zu binden und sich ihrer Liebe munter
zu erfreuen, die Rahel zu Pauline hinziehen. Sieben
Jahre jünger als sie und die Jüngste von acht Geschwistern, behält Pauline zeitlebens etwas Kindliches, Ur-
sprüngliches, Draufgängerisches, das Rahel, so lässt es
sich aus ihren Briefen herauslesen, geliebt und auch ent-
nervt hat.

Als die beiden Frauen sich im Modebad Freienwalde
zum ersten Mal begegnen, ist Pauline sechzehn Jahre alt
und hat schon einen Liebhaber, den Domherrn Hugo
Graf von Hatzfeld, dessen schlechtes Gewissen der ewig
unter Geldnot leidenden Pauline später ab und zu ein
paar Dukaten einbringt.

An ihrem einundzwanzigsten Geburtstag heiratet sie
Wilhelm Wiesel und reist nach Paris, wo die beiden
Frauen sich wiedersehen und anfreunden.

Es ist das Jahr 1800. Rahel hat sich von Finckenstein
getrennt und ist mit Karoline von Schlabrendorf nach
Paris gereist, um Vergessen zu finden. Nachdem sie ihren
Mann verlassen hat, bringt Pauline eine Tochter zur
Welt, deren Vater Paul Graf von Schuwaloff ist. Damit
ist sie in Berlin gesellschaftlich »unten durch«, was den
Prinzen Louis Ferdinand nicht daran hindert, sich heftig
in sie zu verlieben.

In seiner Biographie des Prinzen gedenkt sein Adjutant, Karl von Nostitz, einer Frau Wiesel, »an welche sich der Prinz, zum Ärgernis der Welt, sehr anschloss, da sie, obwohl von gutem Hause und in anständiger Weltverbindung, in einem schlimmen Rufe stand. Was ein heißes Blut von ihr erheischte, das gewährte sie freilich nicht immer nach sorgfältiger Wahl, gehörte aber darum nicht minder zu den geistreichsten Erscheinungen der damaligen Welt. Es war in ihr die freiste Ungebundenheit und eine muntere Keckheit gegen alles, was sie umgab«.

Nachdem der Prinz bei Saalfeld gefallen ist, hat sie noch einige Liebesbeziehungen mit Offizieren der französischen Besatzungsarmee in Berlin, bevor sie die Stadt verlässt, um in Paris zu leben und zuweilen fast täglich an Rahel zu schreiben, impulsive, sprunghafte, lebendige Briefe, in denen sie die *»liebe Rallekin, Ralle pupalle, Rallettini«* immer wieder drängt, sie zu besuchen, was diese ihrer *Herzenstochter* und *Goldtaube, Pölle, Pölleken, Pöllitzka, Putte liebe Seele* immer wieder in Aussicht stellt, ohne es je wahrzumachen. Ein Wiedersehen gibt es erst nach sieben Jahren, als Rahel schon mit Karl August Varnhagen von Ense verheiratet ist, der als guter Spießer einen »persönlichen Widerwillen« gegen Pauline hat, sich diesen jedoch Rahel zuliebe nicht anmerken lässt.

Als er nach Rahels Tod anfängt, ihre Briefe zu sammeln, wendet er sich an Pauline, die ihre Rahel-Briefe jedoch nicht herausrücken will.

Acht Jahre später macht er einen neuen Vorstoß, diesmal verbunden mit einem listigen Angebot: einen Dukaten für jeden Brief. »Die Papiere sind besser bei mir, die Dukaten besser bei Ihnen.«

Pauline antwortet sofort: »Also ja ja ja ich nehme Ihr Anerbieten an wert geschätzter Freund.«

Geldsorgen hatten beide Frauen oft, besonders in den mannlosen Zeiten, da sollte der französische Militärrichter Campan herhalten.

Pauline an Rahel: »Ich werde Campan schreiben, dass ich ihn sprechen muss, und ihm alles sagen, er muss Geld schaffen und kann, wenn er will.«

Rahel an Pauline: *Seit 2 Jahren schreibe ich ihm um Geld. Er schickt aber nichts, obgleich er's anbietet und er anfing, es anzubieten. Aber ganz in Scham versunkene Briefe hat er mir schon geschrieben, dass er's verspricht, ohne zu halten, aber es kommt nichts, denn er gibt's aus.*

Die ständigen Geldsorgen halten Pauline jedoch nicht davon ab, sehr viel zu reisen. Und Rahel, die eher Sesshafte, teilnehmen zu lassen am »Getöse von Fahren«, an den Rufen der Postillone, dem Anblick der schnell laufenden Pferde, »bergrauf bergrunter«. Drei Tage dauert die Kutschfahrt von Frankfurt nach Paris. Es stürmt, es regnet. Pauline sitzt zusammengepfercht mit fremden Menschen. Übernachtet in zwielichtigen Gasthäusern, ist auf Überfälle gefasst, sieht das gelassen: »Einmal kann man ja nur sterben.«

Anders Rahel. Ein geplanter Besuch bei Pauline in der Schweiz kommt nicht zustande, weil Mann und Bruder sie nicht begleiten können und sie allein nicht reisen will. Allein heißt nicht allein, denn Dore, ihr Dienstmädchen, würde sie auf jeden Fall begleiten. Allein heißt: ohne Mann und somit ohne Schutz.

In den fast drei Jahrzehnten, in denen die beiden Frauen an verschiedenen Orten lebten und einander Briefe schrieben, haben sie einander nur wenige Male besucht.

Und dann gab es Spannungen.

Einmal scheint Pauline regelrecht geflüchtet zu sein, doch ist sie für Rahel bis zum Schluss so wichtig gewesen, dass sie ihr noch wenige Tage vor ihrem Tod geschrieben hat, einen Brief, den sie diktieren musste, weil sie schon zu schwach war, um den Bleistift zu halten.

Dass sie bald sterben würde, fühlte sie schon seit einiger Zeit. Und Sterben, Tod und Altern ziehen sich durch die Briefe beider Frauen, von den ersten bis zu den letzten.

Beide erfahren das Altern sehr bewusst. Pauline, die sich im Gegensatz zu Rahel einer robusten Gesundheit erfreut, mehr im Hinblick auf ihre schwindenden Reize. Rahel eher im Zusammenhang mit dem Wegsterben von Menschen, die ihr nahe standen. *Gott! Gott! Alles weg. Alles Faulen, umfallen wie ein Spargel. Stinken in 3 Tagen. Stumm für ewig.*

Mit dem Einzug französischer Truppen in Berlin endete Rahels Salonleben. Es war das Jahr 1806. Preußen hatte die Schlacht bei Jena und Auerstedt verloren und Napoleon, seit zwei Jahren Kaiser der Franzosen, die preußische Hauptstadt besetzt. Rahel fühlte sich einsam und lebte mehr denn je von ihren Briefwechseln.

An einem kalten Frühlingstag, kurz vor ihrem siebenunddreißigsten Geburtstag, trifft sie einen Medizinstudenten auf der Straße Unter den Linden: Karl August Varnhagen.

Sie ist mit einer Bekannten unterwegs, die Varnhagen von früher kennt. Man wechselt ein paar unverbindliche Worte. Irgendwann fällt Rahel ein, dass sie dem jungen Mann schon einmal begegnet ist. Damals war er achtzehn Jahre alt und Hauslehrer bei einer Fabrikantenfamilie. Sie kam zur Teestunde. Er las gerade aus einem Buch von Wieland vor.

Es war die Zeit ihres *spanischen Fegefeuers* und sie nahm ihn kaum wahr. Er dagegen war so beeindruckt von ihr, dass er ihr ein Gedicht widmete.

Nachdem der Fabrikant Konkurs gemacht hatte, war Varnhagen nach Hamburg gegangen, wieder als Hauslehrer bei einer jüdischen Familie. Die Hausherrin, Fanny Hertz, hatte sich in ihn verliebt. Ihr Mann war Bankier, Geld spielte keine Rolle, so konnte sie ihn großzügig unterstützen, damit er das vor Jahren abgebrochene Medizinstudium wieder aufnehmen konnte.

Als er Rahel Levin Unter den Linden trifft, ist Varnhagen dreiundzwanzig Jahre alt und ein im Winde schwankendes Rohr. Mal will er Arzt werden wie der früh verstorbene Vater, mal Schriftsteller, mal Diplomat. Er ist in einer verzweifelten finanziellen Lage, immer noch abhängig von Fanny Hertz' Unterstützung, und weiß, dass sie auf seine Rückkehr nach Hamburg wartet.

Rahel lädt ihn ein, sie zu besuchen.

Ein paar Tage später geht er hin. Rahel, deren Freunde fast alle die Stadt verlassen haben, gewöhnt sich an seine Besuche und seine Ergebenheit. Sie hat Ärger mit der Familie. Der Krieg wirkt sich auch auf die von ihrem Bruder Markus geführte Bank aus. Ihr Anteil am väterlichen Erbe steckt im Geschäft. Das Geschäft geht schlecht. Mutter und Bruder weigern sich, ihr zu sagen, wie hoch ihr Anteil ist, was ihr zusteht. Werfen ihr vor, dass sie der Familie auf der Tasche liegt.

In jenem Sommer des Jahres 1808, in dem Rahel und Varnhagen einander näher kommen, zieht die Mutter schließlich aus dem Haus in der Jägerstraße aus, heimlich, ohne Rahel vorher auch nur ein Wort zu sagen.

Rahel kann die Wohnung alleine nicht halten und zieht mit Line und einem Bedienten in die Charlottenstraße.

Siebenunddreißig Jahre alt, lebt sie zum ersten Mal ohne die Mutter, macht Spaziergänge mit Varnhagen, genießt seine Verehrung und scheint sich nicht daran zu stören, dass er das verkörperte Mittelmaß ist. Immerhin erkennt er ihre geistige Überlegenheit an, ohne sich davor zu fürchten.

Sie kommen überein, dass er nach Tübingen geht, um sein Studium zu beenden, auch wenn er vielleicht nie als Arzt arbeiten wird. Lieber möchte er Schriftsteller werden.

Er schickt ihr, was er geschrieben hat, und sie versucht, ihm zu sagen, worauf es ankommt: *Frei musst Du sein und innerlich noch freier. Lass Dich ganz gehen, wenn Du arbeitest, dichtest; denk an keinen Freund, an kein Muster, an die größten Meister nicht, an keinen Druck, an nichts! Folge Deinem innersten, süßesten Hange, stelle Dich dar: alles, was Du siehst, und so, wie Du's siehst. Was Dir das Liebste, das Schrecklichste, das Peinlichste, das Heimlichste, das Verführerischste ist, das kehre hervor.*

Im Winter verlassen die französischen Besatzungstruppen die Stadt. Rahel wechselt Briefe mit Varnhagen, nennt ihn *lieber Sohn, lieb Kind, Jüngeken, meine liebe Guste, Gustchen.* Er schreibt ihr in kleinmütiger Offenheit: »Immer, wenn es mir schlecht geht, denke ich an Dich.«

Sie weiß, er wird nicht versuchen, sie zu beugen, wie ihr *rauer, strenger, heftiger, launenhafter, genialer, fast toller Vater,* aber es fehlt auch etwas. Einmal spricht sie es grob aus: *Ich muss ihn gebrauchen, wozu er gut ist, und sonst nichts.*

Aber sie wünscht seine Nähe, will endlich zu jemandem gehören. Leidet darunter, dass sie nicht weiß, woran sie ist. »Heiraten«, schreibt er ihr, »werde ich nie oder

Karl August Varnhagen von Ense.
Bleistiftzeichnung von Wilhelm Hensel, 1823.

eine von Euch beiden! Ich weiß, dass ich damit etwas Ungeheures sage, dadurch ungeheuer, dass ich es Dir sage, geliebte Rahel!«

Im März des Jahres 1809 ist er in Hamburg bei Fanny Hertz. »Ob ich nach Paris kann, will, ob ich hier bleibe, alles ist unbestimmt; ich weiß nicht, wie meine Geldquellen sein werden. Was die Güte mir gewährt, nehme ich dankbar hin.«

Fanny macht ihm die Zusage, dass er nächstes Jahr vierhundert preußische Taler bekommt, ohne jede Bedingung.

Mitte Mai ist er bei Rahel in Berlin. Mitte Juni reist er in das von Napoleon eroberte Wien, meldet sich bei der österreichischen Armee, wird zwei Wochen später als Fähnrich in der Schlacht bei Wagram verwundet, gefangen genommen und gegen französische Soldaten ausgetauscht. Nach dem Friedensschluss bleibt er im Regiment des Grafen Bentheim, dessen Adjutant er geworden ist.

Rahel wartet. Besucht ihre Mutter, kümmert sich um sie, pflegt sie, als sie krank wird, steht ihr bei, als sie stirbt.

Rahel zieht in die Behrensstraße um und verwartet ein weiteres Jahr. Klagt darüber, dass sie in aller Frühe von krähenden Hähnen geweckt wird. *So ist's auf den Straßen unserer edlen Stadt. Hühnerhorden!*

Nach dem Tod der Mutter setzt sie durch, dass ihr von ihrem Erbteil jährlich zwölfhundert preußische Taler ausbezahlt werden. Im Sommer verbringt sie ein paar Monate mit Varnhagen in dem böhmischen Badeort Teplitz, wo sie alte Freunde wiedersieht und Beethoven kennen lernt. Dann fährt Varnhagen zurück zu seinem Regiment und sie ist wieder allein in Berlin.

Es ist das Jahr, in dem Bettine Brentano und Achim von Arnim heiraten, Rahels einstiger Verlobter Finckenstein stirbt und Heinrich von Kleist in den Freitod geht.

Zwei Tage nachdem er sich, zusammen mit Henriette

Vogel am Ufer des Wannsees erschossen hat, schreibt sie an Alexander von der Marwitz: *Von Kleist befremdete mich die Tat nicht. Es ging streng in ihm her.*

Es ist eine einsame Zeit. Sie kann abends nicht ausgehen, hat keinen Bedienten mehr, der ihr die Laterne voranträgt. Berlins Straßen sind dunkel. Es dauert noch mehr als ein Jahrzehnt, bis die ersten Gaslampen brennen.

Was ihr bleibt, sind die Briefwechsel. »Ihre Briefe«, meint ihr alter Freund, der Staatsmann Friedrich Gentz, »sind gar nicht *geschrieben*: es sind lebendige Menschen.«

Achim von Arnim gründet einen literarischen Verein, die *Christlich-Deutsche Tischgesellschaft*, da hätte sie etwas beizutragen, doch sind Frauen und Juden laut Statut ausgeschlossen. Auch das gehört zur Romantik. Und es wird nicht weniger absurd, wenn man weiß, dass Gentz der Sechzigjährigen schrieb: »Sie sind die Romantik selbst; Sie waren es, ehe das Wort erfunden wurde.«

Im Frühling des Jahres 1813 erklärt Preußen Napoleon den Krieg. Varnhagen tritt als Hauptmann in russische Dienste.

Rahel flüchtet über Breslau nach Prag, wo sie durch Varnhagens Vermittlung bei der Schauspielerin Auguste Brede unterkommt und bis Kriegsende bleibt. Die Brede ist eine Geliebte des Grafen Bentheim, der wiederum Varnhagens väterlicher Freund und Förderer ist.

In Prag, dem Zentrum der antinapoleonischen Koalition, haben sich viele alte Freunde von Rahel eingefunden. Sie kann wieder am Leben teilnehmen, und als nach der Schlacht bei Kulm Verwundete und Flücht- linge in die Stadt kommen, organisiert sie eine Hilfs- aktion, sammelt Geld, besorgt Binden, Verbandszeug, Lappen, Hemden, Socken, lässt in mehreren Vierteln der Stadt für die Bedürftigen kochen und bricht erst zu- sammen, als sie nicht mehr gebraucht wird.

Sie ist dreiundvierzig Jahre alt, als sie sich in Berlin taufen lässt (es gibt noch keine Zivilehe) und vier Tage später Karl August Varnhagen von Ense heiratet.

Varnhagen, mittlerweile Diplomat und dem preußi- schen Staatskanzler Hardenberg zugeordnet, reist mit seiner Frau zum Wiener Kongress. Neben Hardenberg ist Wilhelm von Humboldt Vertreter Preußens auf dem Kongreß. Einst Gast in Rahel Levins Salon, kom- mentiert er ihre Heirat mit den Worten: »Gibt es etwas, das die Juden nicht erreichen?«

Rahel aber kommt endlich zur Ruhe, schreibt an Varnhagen: *Von Dir hab ich ja erfahren, dass auch ich geliebt und gehegt werden kann, wie ich andre hege und liebe; dass ich kein verzaubertes* monstre *bin.*

1816 wird Varnhagen preußischer Geschäftsträger am badischen Hof in Karlsruhe. Rahel muss repräsentieren, wird jedoch als gebürtige Jüdin in gewissen Gesellschaf- ten und am Hof nicht zugelassen. An diesem Hof, an dem die junge Witwe des verstorbenen Großherzogs Karl den rechtmäßigen Thronfolger hat verschwinden lassen, um ihrem eigenen Sohn den Weg zur Macht zu bahnen. Als die Varnhagens nach Karlsruhe kommen, ist der Prinz vier Jahre alt und wird, in einem leeren Schloss versteckt, von einem Kindermädchen versorgt. Drei Jahre später wird Varnhagen von seinem Posten abberufen, weil er sich erlaubt hat, eigenmächtig die liberalen Kräfte zu unterstützen. Zu der Zeit lebt das beiseite geschaffte Kind angekettet im Verlies des Schlosses Pilsach von Brot und Wasser, bekommt nie einen Menschen zu sehen und hat das Sprechen bereits wieder verlernt. Noch zu Rahels Lebzeiten sollte es unter dem Namen Kaspar Hauser berühmt werden.

Im Oktober 1819 ging Rahel mit ihrem Mann nach Berlin zurück. Varnhagens diplomatische Karriere war beendet. Doch wurde der Salon, den Rahel in dieser Zeit der Restauration führte, zu einem Zentrum liberalen Denkens.

Ludwig Börne und Friedrich Hegel gehörten zu den Gästen, Fürst von Pückler-Muskau und Bettina von Arnim, die Rahel bis zuletzt besuchte und ihr beistand, als es ans Sterben ging.

Heinrich Heine kam nach Berlin, lernte Rahel kennen und fand ein Zuhause bei ihr. Für die zwei Jahre, die er in Berlin verbrachte, wurde die Wohnung der Varnhagens in der Französischen Straße zu seinem »Vaterland«. Und als 1822 sein erster Gedichtband gedruckt wurde, widmete er ihr seine *Heimkehr*: »Ich lauf so wild in der Welt herum, manchmal kommen Leute, die mich wohl gern zu ihrem Eigentum machen möchten, aber das sind immer solche gewesen, die mir nicht sonderlich gefielen, und solange dergleichen der Fall ist, soll immer auf meinem Halsbande stehen: J'appartiens à Madame Varnhagen [Ich gehöre Madame Varnhagen].«

Franz Grillparzer, der sich »müde bis zum Sterben« zu einem Besuch bei Rahel überreden ließ, erzählt in seiner *Selbstbiographie*: »Nun fing aber die alternde, vielleicht nie hübsche, von Krankheit zusammengekrümmte, etwas einer Fee, um nicht zu sagen Hexe, ähnliche Frau zu sprechen an, und ich war bezaubert. Meine Müdigkeit verflog oder machte vielmehr einer Art Trunkenheit Platz. Sie sprach und sprach bis gegen Mitternacht, und ich weiß nicht mehr, haben sie mich fortgetrieben oder ging ich von selbst fort. Ich habe nie in meinem Leben interessanter und besser reden gehört.«

Mit ihrem Stand als gesellschaftlich anerkannte, verheiratete Frau änderte sich das Verhältnis der *Falschgeborenen*, des weiblichen Schlemihls zum Judentum. Rahel starb als Ausgesöhnte: *Was so lange Zeit meines Lebens mir die größte Schmach, das herbste Leid und Unglück war, eine Jüdin geboren zu sein, um keinen Preis möcht ich das jetzt missen.*

An Don Raphael d'Urquijo

Ja, ich bin ein Glückskind! Du hast bei mir geschlafen.
Über Dich gewacht haben die Liebe, Deine Schwester,
die Frau, die Dein ist wie das Herz, das Du in Deiner
Brust trägst.

Ich habe Dich betrachtet, während Du schliefst: Du
warst ruhig. Wo willst Du das sein? es war bei Deiner
Rahel! Die Luft glühte von Zärtlichkeit, von Wohl-
wollen. Und ich betete dabei zu Gott; ich genoss, ich be-
trachtete Dich, meine Seele stürzte sich in die Deine; in
ihren Gott.

Gott ist mir geneigt! Ach! wem er so viel Liebe
schenkt, dem schenkt er auch den Rest. Was ist die
Liebe? eine Kraft des Herzens, eine Inbrunst der Seele,
eine Einheit des Geistes, eine Reinheit unseres ganzen
Wesens! sind dies nicht die größten Gaben des Himmels?
sollte das uns nicht mit der sichersten Hoffnung erfüllen?
Ich fühle es. Ja, ja! Gott, mein Herz, mein ganzes
Bewusstsein haucht sie mir ein. Ich werde sie auch Dir
einhauchen! mit allem. Du wirst sehen.

Die Inbrunst des Herzens schafft Religionen, gewinnt
Schlachten, begründet die Welt, schafft alle heiligen
Bande: überwindet alles. Solange ich lebe, wird sie mir
nie mangeln: also hoffe ich.

Schlaf gut, holder Liebling, für den ich bete und atme. Ich
gehe zu Mama. Adieu ... Du bist mein einziger
Gedanke. Dein ewig.

An Varnhagen, Prag, 22. April 1814

August! Lieber einziger Freund!
Wo Du auch bist, wie es mit Dir ist, sei ruhig über
mich. Ich gehe aus in die Luft, lebe, schlafe; bin zuzeiten
ruhig. Ich habe mich nicht gekannt: und verachte in mir,
dass ich nicht wusste, wie viel Du mir bist, welchen Teil
meines Lebens Du ausmachst; bis jetzt, da ich Dich tot,
oder tödlich, in Schmach verwundet glaube. Du siehst,
mein einziger geliebter Freund, ich kann nicht schreiben.
Nur sehen, nur sprechen könnt' ich mit Dir. In den
Zeitungen von Nürnberg stand, General Tettenborn sei
leicht und sein Adjutant schwer verwundet. Das sagte
man mir. Nun lebte ich nicht mehr. Aber vorgestern er-
hielt Graf Christel Clam einen Brief vom 7. dieses aus
Paris mit Neuigkeiten durch einen Kurier, und eine war
darunter, Tettenborn sei auch dort; und gesund. Nun hoffe
ich auch für Dich. O! August! Sei nicht böse! nicht be-
sorgt; musst' ich nicht fürchten? Seit Trier habe ich keine
Zeile von Dir! von Dir! Und noch nicht. Gestern kam
die Post von Paris! Sonntag in meiner höchsten Herzens-
angst erhalt' ich einen Brief, von dem ich die Aufschrift
nicht erkenne: und fürchte natürlich; »Henriette« steht

darunter. Er fängt so an: »Bin ich die Erste, die Ihnen
die Schreckenspost sagt?« Ich lese nicht weiter, gehe
schreiend zu Auguste, ohnmächtig nimmt die den Brief
mir ab; so kam ich hinein. »Nein«, schrei ich, und laufe
hinaus, »ich will es nicht wissen.« Sie schreit mir nach:
»Es ist nur Marwitz!« Nur. Fühlst Du den Jammer, die
Not? Nur Marwitz. Die Schleiermacher schrieb. Münster
hatte der Frau geschrieben, er fehle seit dem 14. Februar!
Und doch war ich glücklich. O! Gräuel. Sei ruhig! Du
findest mich, und in jeder Rücksicht besser als sonst.
Dies Jahr war eins! O! Gott, welch Opfer soll ich
bringen, wenn ich Dich sehe! einen Brief von Dir habe!
Antworte mir, oder lass mir antworten! Mehr als ich
wusste, mehr als Du denkst. Deine Rahel …

An Varnhagen, Berlin, 9. September 1814

> *Zum ersten Mal Sonnenschein, und doch noch*
> *trüblich und feucht.*
> *Nachmittag 6 Uhr.*

Diesen Morgen im Bette, mein sehr lieber August, als ich
eben Deine drei hier vorgefundenen Briefe wieder las und
beim letzten war, brachte mir Dore Deinen vierten vom
6. September … Gemeine Antwort muss ich Dir auf den
Liebesbrief schreiben. Unser ganzes Glück, unsere Liebe,
wird jetzt auf dem bürgerlichen Amboss bereitet, damit

die Bürger es passieren lassen; und alles muss eine ge-
schäftliche Form annehmen: und also hat Dir der alte
Volontär Rahel lauter Geschäfte zu referieren: aber ehe er
es tut, will er Dir von seiner Liebe sprechen, von seinem
Glücke sprechen, welches Dein heutiger Brief in seine
Seele verbreitet hat. Ich kann also hoffen, Du kommst!!!
Wie wollte ich Dich in diesem Briefe just bereden! Mit
Gründen. Wir müssen ja hier getraut werden. Ungetraut
reise ich nicht wieder aus. Ich bin hier göttlich empfangen
von allen Leuten und behandelt; aber sie fragen mich
gradezu, ob ich heirate; ja, sagte ich heute der alten
Cohen. – Es sind dabei vielfältige kleine Dinge zu be-
sorgen, die der männlichen Hälfte Gegenwart erfordern.
Schnell soll schon alles gehen. Brauchen wir nur nicht
nach Frankfurt! Gott! wie glücklich, dass alles so günstig
geht! Auch weißt Du Dich so sehr gut zu führen; welch
Glück für mich grade; die so präzis ist; obgleich sie es so
wenig scheint. Welch unberechenbarer Vorteil für jede
äußere Lage: für Vorgesetzte und Mitarbeiter! Ach! das
Glück liebt das Glück und Glückliche – daher glaub'
ich, es ist selbst sehr glücklich, und davon übermütig und
ekel –; jetzt, da ich Dich zum Freunde habe und Du es
laut bedenken kannst, will mir alles wohl. Du mahnst
mich, mich nicht zu ärgern? in einem Deiner Briefe.
Lieber! ich lebe in einem kontinuierlichen Feste. Meine
Geschwister, Markus, Moritz und Ernestine, sehen besser
aus, seit ich hier bin: sie können ihre Freude über unsere
Verbindung nicht einen Augenblick bergen: sind so

amüsiert von meiner Gegenwart, dass Moritz immer
sagt, sie sollen mich nicht so sehr stören ...

Weder Hitzig noch Markus hatten das Geringste
eingeleitet. Ich habe Hitzig zum Prediger Stegemann geschickt, ging dann selbst hin. Er empfing mich, als ob
Spinoza sich wollte taufen lassen: so zerknirscht von
Ehre. Mündlich dies. Der Professor Härtung, von dem ich
ein Attest haben musste, weinte, dass ich ihn so hoch be-
ehrte, und wie hat er es ausgestellt! Lagnac ist sein Neffe,
Louis Robert sein Zögling. Zwei Männer − der andere
ist Hitzig − müssen bezeugen, dass man würdig ist: das
erhält die Polizei, dann die Potsdamer Regierung: noch
ist's auf der Polizei. Redtel habe ich einen künstlichen
Brief dazu geschrieben; denn sie sind in Potsdam und
beim Konsistorium ganz mystisch neuchristlich, und
halten auf. Ich werde doch gefördert werden. Ich spute
mich, soviel ich kann. Stegemann hält mich in nichts und
mit nichts auf. Komm Du nur, bester Freund! dann geht
alles schneller. Auch zur Trauung müssen Aufgebote und
Anstalten geschehen. Doch alles still und heimlich.
Kaufen muss ich hier noch eine Menge; lauter Dinge, die
in Wien sehr teuer sind, wie ich höre, und auch aus Prag
schon weiß. Man muss doch erscheinen; eine Art Aus-
steuer haben! ... O! August! Also bald soll ich Dich
sehen; werden wir wieder reden, anstatt schreiben: ich Dir
jedes, alles mitteilen; Du mit mir einstimmen, mir zeigen,
was Du machst. Deine Zeitungsartikel sind gut. Alle
Menschen wollen mich besuchen; haben. Du weißt, wie

ich gebotene Gesellschaft hasse, nicht Soireen und Kotterieen. Gestern war ich bei der Herz, die mich auf der Straße attrappierte, zum Tee, mit Ludwig Tieck, mit Graf und Gräfin Dohna, Philipp Veit – hübsch –, einer Oberhofmeisterin und Hofdame von Prinzess Wilhelm, Staatsrat Uhden und Gemahlin, und Körners aus Dresden. Ich sprach nur mit Graf Dohna, Fräulein Körner und Tieck. Er las den Sommernachtstraum: göttlich. Sonst war es grässlich: ich fuhr ihn nach Hause, er wohnt bei dem Staatsrat Alberti, nicht weit von mir. Heute kommt er nach dem Theater, in der ausgezeichnetsten Freundschaft, zu mir ...

Alles – das Äußere – scheint mir hier so nüchtern: nur meine Geschwister freuen mich, amüsieren mich: und die Pferde auf dem Tor. Die nahm man uns mit Händen: mit Händen haben wir sie uns auf unseligen Blutwegen geholt! Das ist reell. Und schüttelt mir Tränen aus dem gerührten erfreuten Herzen! Verstehst Du? O! Ja!

An Varnhagen, Berlin, 13. September 1814

Endlich Sonne.

Goldener August, wie kann ich Deinen liebevollen feinen Brief beantworten, als mit mir selbst, mit dem Anerkennen, was Du bist; zum Glück hat meiner ihm begegnet, und Du konntest sehen, wie ich Deinen vorigen

aufnahm. Nun will ich Dir auch etwas Schönes sagen!
Ich hätte wohl aus Wohlgefallen und Liebe Urquijo oder
Finckenstein geheiratet: aber bei keinem Menschen als bei
Dir wäre mir bei der Heirat so ganz gut, ganz sorglos,
ganz unbefangen zu Mute gewesen, als mit Dir. Kein
Krimschen, kein Gedänkchen von Besorgnis! Es ist ein
durchaus vergnügliches und vergnügtes Evenement
[Ereignis]*; und es wird nur eine äußere angenehme und*
innen gar keine Veränderung machen.

Denk Dir, beim Haarebürsten fragt Line, ob die
Hochzeit hier – im Hause – sein wird. »Es wird gar
keine«, sagte ich, »Du weißt, wie ich so etwas hasse: ich
lasse mich bloß trauen und kein Mensch erfährt's.« –
»Das hab' ich gewusst«, sagte Dore. »Ja, ja!« und lacht
approbierend [zustimmend] *»Nur eens is mir lieb: soll*
ick't sagen: darf ich auch?« – »Ja!« – »Dass Sie den
Namen kriegen: eene Mamsell wird doch anders be-
handelt; Ehre hatten Sie ooch: aber es is so besser!« Wie
findest Du das? Alle loben, lieben und ehren mich mehr
als sonst. Wären nur Deine Freunde und Gönner ebenso
zufrieden.

Bei mir zeigt sich mein Rechttun in Deiner Person:
aber dass Du Recht habest, ist schwerer zu sehen. Heute
Morgen lag das Sofakissen in meinem Bette, welches
Du in Teplitz gebrauchtest. Es erregte mein ganzes Herz
mit seinem Riss, den es von Dir hat! Nun aber kein
zärtlich Wort mehr! Denn – außer der Zeit kann man
nichts tun …

An Varnhagen, 1. Februar 1829

Dicker Schnee, Nordwind.
Hast Du ihn rechts, fast im Rücken.

Gestern Abend um acht mit den beiden Kindern
auf'm Sofa, kam Dein lieber unerwarteter Brief. Wie
ein Frühlingsregen mit großen Tropfen erweichte und
beruhigte und erquickte er mich. Nun bin ich über Dich
ganz ruhig; ja vergnügt ... Dann kam Bettine: ich nahm
sie gerne an; und hatte Recht. Liebender, vernünftiger
habe ich sie nie gesehen. Aufwartend, leise, voller Ein-
sicht. Jeden Augenblick wollte sie gehen: ich wollte nicht
... Nach drei Viertelstunden kamen die Kinder. Da war
sie erst göttlich. Sie hielt mich wahrhaft für eine Glück-
liche, und verehrte mich ordentlich, dass dies mein Glück
war; betrug sich wie eine mythologische Bonne mit ihnen.
Kurz, wir waren darin ganz eins. So müssen Menschen
sein: so ist Freundschaft; Menschenliebe; Einsicht; geöff-
neter Sinn. Sie sagte auch sehr schöne Dinge: besonders
aber einverstanden über Kinderbehandlung. Unser Kind
war mux-still: aber biblisch-raphaelisch schön: und Frau
von Arnim rief es immer aus; Du warst nicht da, es ging
alles still zu, die fremde Dame; ihre verstimmte Nerv-
chen! Karpfen hatte sie eben gegessen, welches ich auch
an ihren Händen roch! − bin ich nur erst wieder auf! −
Endlich aber kam die Zinnschachtel; woraus sie Frau von

Arnim alles wies, und die im Ernst, *wie ein Kind, die*
Sachen komplett ergötzlich fand, und wie ein anderes
Kind ernst mitspielte; ich gab ihnen Schwarzbeeren-
Kompotte mit warmem Wasser und viel Zucker, anstatt
Kaffee. Als ich aber nach sieben Tee trank, wollte sie
Kaffee: mitnichten, und leicht ausgeredet. Mit dem
letzten Tagesschimmer ging Frau von Arnim, es war
nicht so früh. Sie ging nur, weil sie keinen Bedienten
hatte …

Caroline Schlegel-Schelling, geb. Michaelis

geboren 1763 in Göttingen
gestorben 1809 in Maulbronn

Fern von mir sei jede romanhafte Idee. – Maßvoller als Rahel ist Caroline, weniger leidenschaftlich, auch weniger leidensbereit. Eine kühle Realistin ist das Mädchen, das eines Tages Mittelpunkt der Jenaer Romantiker sein wird.

Glaub es mir, schreibt die Fünfzehnjährige einer Freundin, *ich bin keine Schwärmerin, keine Enthusiastin, meine Gedanken sind das Resultat von meiner, wenn's möglich ist, bei kaltem Blut angestellten Überlegung.*

Anders als Rahel ist Caroline im Bürgertum zu Hause, und wenn ihr Verhältnis zu den Eltern auch kein besonders herzliches ist, so ist gesellschaftliche Anerkennung für sie doch eine Selbstverständlichkeit, und sie hat denn auch ein Selbstbewusstsein, von dem Rahel nur träumen kann.

Carolines Familie gehört zu den angesehensten der Stadt. Ihr Vater, Johann David Michaelis, ist Professor für Orientalistik in Göttingen. Die Studenten nennen ihn den »Engel Michaelis«. Er ist ein gefürchteter und berühmter Mann, sieht in seinem Hause viele Gäste, darunter Goethe und Lessing, Benjamin Franklin und

102

die großen Reisenden seiner Zeit, Alexander von Humboldt und Georg Forster.

Caroline lernt Französisch, Italienisch und Englisch. Liest viel und genießt schon in jungen Jahren die Wirkung, die sie auf Männer ausübt. Auflehnung gegen die Rolle der Frau ist ihr fremd.

Sie ist bereit, sich anzupassen, weiß genau, was von einer Frau erwartet wird, und macht sich diese Erwartungen zu Eigen. Alles andere als eine Rebellin. Und doch wird sie in ihrem Leben, im Gegensatz zu der (zumindest gedanklich) rebellischen Günderode, weit über die ihr als Frau gesetzten Grenzen hinausgehen.

Siebzehnjährig urteilt sie über eine Göttinger Freundin: *Ihr Herz ist gewiss gut, ihr Verstand untadelhaft, aber für ein Frauenzimmer hat sie zu viel Mut, denkt und redet zu frei, hat überhaupt zu wenig vom sanften weiblichen Charakter, als dass sie, aus dem Gesichtspunkt betrachtet, gefallen würde.* Caroline selbst hat ebenfalls *zu viel Mut*, denkt und redet ebenfalls *zu frei*.

Sie ist klein, hat braunes, lockiges Haar, einen leichten Silberblick und eine melodische Stimme. Und fürchtet sich davor, für unweiblich gehalten zu werden – eine Furcht, die sie auch als Dreißigjährige noch nicht losgeworden ist. »Caroline ist nicht so vorurteilsfrei, als sie zu sein glaubt. Ihr Vorurteil ist die Furcht, unweiblich zu sein.« So sieht es Friedrich Schlegel zu einer Zeit, in der er heftig in sie verliebt ist. Ihr Leben lang möchte sie passen in die zeitgenössische Vorstellung davon, wie eine Frau zu sein hat. Doch es wird ihr nicht gelingen, sich zu verleugnen. Obwohl sie genau weiß: *Man schätzt ein Frauenzimmer nur nach dem, was sie als Frauenzimmer ist.*

In späteren Jahren wird eine Würzburger Professorengattin der allgemeinen Meinung Ausdruck geben: »Die Törin! ... Es wäre zweckmäßig für ihre Lage, wenn sie wüsste, wie man eine gute Suppe kocht und eine Wasch behandeln muss.«

Caroline ist zwanzig Jahre alt, als sie den Nachbarssohn und Freund ihres ältesten Bruders Franz Böhmer heiratet. Sein Vater ist, wie der ihre, Professor in Göttingen. Er selbst ist Arzt und zehn Jahre älter als sie.

Für ihren Mann empfindet sie Zuneigung, aber das ist auch alles: *Meine Zärtlichkeit für ihn trägt nicht das Gepräge auflodernder Empfindungen.*

Ein Jahr nach der Heirat wird in Clausthal im Harz, wo ihr Mann die Minenarbeiter ärztlich betreut, ihr erstes Kind geboren – Auguste.

Sie bedauert, dass es ein Mädchen ist. Gewünscht hatte sie sich einen Gustav. Doch ist sie gerne Mutter und beschließt, nicht länger damit zu hadern, dass es sie in das langweilige Clausthal verschlagen hat: *Ich erwarte nichts mehr von einer rosenfarbenen Zukunft – mein Los ist geworfen.*

Sie ist knapp vier Jahre verheiratet und mit dem dritten Kind schwanger, als ihr Mann stirbt. Sie trägt es mit Fassung: *Die Ausbrüche meines Kummers, die ungestü-*

Caroline Schlegel.
Kupferstich von A. Wegner nach dem Gemälde von
Friedrich August Tischbein aus dem Jahre 1798.

men Tränen des Jammers schaden mir unmittelbar. Man
gewinnt doch viel, wenn man sie unterdrückt, man gerät in eine
traumähnliche Betäubung.

Vierundzwanzig Jahre alt, kehrt die Witwe Böhmer
mit ihren zwei kleinen Kindern nach Göttingen zurück,
um wieder im Elternhaus zu leben.

Der Sohn, den sie sechs Monate nach dem Tod ihres Mannes zur Welt bringt, lebt nur einige Wochen.

Auch ihre zweite Tochter Therese wird nur zwei Jahre alt.

Alltägliches Unglück. Ihre Mutter hat zehn Kinder geboren, von denen fünf bald nach der Geburt starben.

In Göttingen hat sie wieder Leben um sich, Menschen, Gespräche. Mit Friedrich Wilhelm Ludwig Meyer, Bibliothekar bei dem Vater ihrer Freundin Therese, Professor Heyne. Mit dem Studenten August Wilhelm Schlegel, der bei Professor Heyne logiert, vier Jahre jünger ist als sie und sich hoffnungslos in sie verliebt hat. Und mit Georg Tatter, dem Mentor der englischen Königssöhne, die in Göttingen studieren.

Für Tatter hat sie eine Leidenschaft, und wenn auch er sich zu ihr hingezogen fühlt, vergisst er doch nie, was für ihn und sein Fortkommen gut und nützlich ist. Mit Frau und Kindern kann er sich nicht belasten. Sein Vater war Gartenmeister auf Schloss Montbrillant in der Nähe von Hannover. Er selbst ist gebildet und besitzt gute Umgangsformen, aber weder Vermögen noch gesellschaftliches Ansehen. Die Stellung als Mentor der englischen Prinzen ist seine Chance, vielleicht seine einzige. Er wird sie nicht aufs Spiel setzen.

Nach einem Jahr im Elternhaus zieht Caroline zu ihrem Halbbruder Fritz, einem Sohn ihres Vaters aus erster Ehe, neun Jahre älter als sie, unverheiratet, Professor der Medizin in Marburg. Wilhelm Schlegel reist ihr nach und macht einen Heiratsantrag. Sie lehnt ab.

Sie liest viel, wechselt Briefe mit Tatter, den sie noch immer liebt, mit Wilhelm Schlegel, der sie noch immer liebt, mit Meyer, der sich nach dem Stand der Dinge zwischen ihr und Schlegel erkundigt, worauf sie antwortet: *Schlegel und ich! Ich lache, indem ich schreibe! Nein, das ist sicher – aus uns wird nichts.*

Als ihr Vater im Sommer des Jahres 1791 stirbt, ist Caroline wieder im Elternhaus in Göttingen, kann dort jedoch nicht bleiben. Die Mutter verkauft das Haus, und Caroline zieht mit Auguste nach Mainz, wo ihre seit etlichen Jahren mit Georg Forster verheiratete Freundin Therese lebt.

Forster, als Naturforscher und Reiseschriftsteller berühmt geworden, ist Ende Dreißig und hat, außer in seiner Kindheit, nie ein Zuhause gehabt. Er war elf Jahre alt, als sein Vater ihn nach Russland mitnahm, wo die beiden herumreisten, um im Auftrag der Zarin Land und Leute zu erforschen, zwölf, als sein Vater ihn nach England mitnahm, achtzehn, als sein Vater ihn aus England fortnahm, diesmal auf eine Reise um die Welt, Kapitän Cooks zweite Erdumsegelung. Georg Forsters Zuhause ist seine Frau Therese, die ihn nach Wilna begleitet hat, wo er Naturgeschichte lehrte, nach Kassel, nach Göttingen, nach Mainz.

Als Caroline im Frühjahr 1792 in Mainz ankommt,

ist Forster Oberbibliothekar der Mainzer Universität, arbeitet viel, schreibt und übersetzt und verschafft auch ihr Übersetzungsaufträge.

Mit dem Übersetzen ist Caroline von Kindheit an vertraut, hat mitbekommen, wie ihr Vater das Alte Testament übertrug, hat selber schon als junges Mädchen Komödien von Goldoni übertragen und ist darauf angewiesen, Geld zu verdienen. Die Rente reicht nicht. Seitdem sie Witwe ist, bestickt sie Halstücher und gibt sie zum Verkauf.

Caroline zieht mit Auguste in eine kleine Wohnung in der Welsch-Nonnengasse und geht jeden Tag zu Forsters.

Sie ist achtundzwanzig Jahre alt, keine Kämpferin, keine Schwärmerin, aber nimmt lebhaft Anteil an den Umwälzungen in Frankreich. Es ist erst drei Jahre her, dass mit dem Sturm auf die Bastille die Französische Revolution begann. Während sie bei ihrem Bruder in Marburg lebte, wurden die Menschen- und Bürgerrechte verkündet, die Privilegien des Adels abgeschafft, die Kirchengüter eingezogen. Die europäischen Feudalherren müssen fürchten, dass die Revolution übergreift. Ein Krieg steht bevor.

Carolines Freunde raten ihr, Mainz zu verlassen. Doch sie will bleiben, unbedingt: *Ich ginge ums Leben nicht von hier – denk nur, wenn ich meinen Enkeln erzähle, wie ich eine Belagerung erlebt habe … wir sind doch in einem höchst interessanten politischen Zeitpunkt, und das gibt mir außer den klugen Sachen, die ich abends beim Teetisch höre, gewaltig viel zu denken, wenn ich allein in meinen recht hübschen Zimmerchen in dem engen Gässchen sitze.*

Was Caroline bei ihren täglichen Besuchen im Hause der Forsters hört, sind nicht nur *kluge Sachen*, sondern auch ganz unpolitische Unter- und Zwischentöne, die ihr sagen, dass Therese dem Hausfreund Ferdinand Huber, einem Schriftsteller und Jugendfreund Schillers, sehr viel näher steht als ihrem Mann.

Als sie kam, war Therese hochschwanger. Mutter von drei Mädchen, ein viertes war im vergangenen Jahr geboren und wieder gestorben. Das Kind, das sie zwei Monate nach Carolines Ankunft zur Welt bringt, wird auf den Namen Georg getauft, ist jedoch Hubers Sohn.

Caroline kann nicht wissen, dass Therese ihr zwei Jahre später, aufgewühlt von Forsters Tod, schreiben wird, sie habe ihn nie geliebt, oft gehasst: »Er war mir teuer und wert in jeder Rücksicht, wo ich nicht sein Weib war, aber wo ich seine Sinne berührte, musste ich mit den Zähnen knirschen.« Sie kann das nicht wissen, doch sie kann sehen. Und denkt daran, Forster *die Augen zu öffnen.*

Aber sie lässt es. Bleibt bei sich, schreibt Briefe, liest Bücher, unter anderem Mirabeaus Briefe aus dem Kerker an seine Geliebte, macht Übersetzungen und sieht es gern, dass Forster sich väterlich um die mittlerweile siebenjährige Auguste kümmert. Hofft immer noch auf Tatter, aber ist entschlossen, das Beste aus ihrem Leben zu machen, überzeugt, *dass aller Mangel, alle Unruhe aus uns selbst entspringen – wenn Du nicht haben kannst, was Du wünschst, so schaff Dir etwas anderes – und wenn Du das nicht haben kannst, so klage nicht – nicht aus Demut, aus Stolz ersticke alle Klage.*

Im August kommt Tatter nach Mainz. Sie verbringen ein paar Tage miteinander, dann reist er weiter nach Italien.

Sie ist jetzt sicher, dass er sie nicht liebt. Im Dezember, als die Lage in Mainz kritisch wird, wendet sie sich noch einmal an ihn, hofft auf seine Hilfe. Er antwortet, er sei verzweifelt, nichts für sie tun zu können.

Meine Geduld brach, mein Herz wurde frei, und in dieser Lage, bei solcher Bestimmungslosigkeit meinte ich, nichts Besseres tun zu können, als einem Freund trübe Stunden zu erleichtern und mich übrigens zu zerstreuen.

Der Freund, dem sie die *trüben Stunden* erleichtert, ist der von seiner Frau verlassene Forster. Caroline übernimmt *das Amt einer moralischen Krankenschwester* und braucht *alle unermüdliche Geduld weiblicher schwesterlicher Freundschaft, ihn zu ertragen.*

Im Oktober 1792, ein halbes Jahr nach ihrer Ankunft, war Mainz von französischen Revolutionstruppen erobert worden. Im November war Georg Forster, überzeugter Republikaner, dem Mainzer Jakobinerklub beigetreten. Im Dezember, nachdem die Preußen das ebenfalls von den Franzosen eingenommene Frankfurt zurückerobert hatten und nun auch Mainz bedrohten, war Therese nach Straßburg geflohen. Ferdinand Huber hatte sich in die Schweiz abgesetzt und wartete dort auf sie.

Forster, todunglücklich ohne seine Frau, hält es für seine Pflicht, in Mainz auszuharren und lässt sich am 31. Dezember zum Präsidenten des Mainzer Jakobinerklubs machen. Caroline besucht ihn täglich, kümmert sich um den Haushalt, steht ihm bei und versucht, ihn aufzuheitern. Schreibt an Huber und drängt ihn, Forster nicht länger im Unklaren zu lassen. Anfang Januar schreibt Huber schließlich an Forster und bittet ihn, Therese freizugeben. Ende Januar werden neben dem Mainzer Freiheitsbaum auf dem Marktplatz drei Galgen errichtet für jeden, der ausspricht, was alle denken: dass die Alliierten Mainz zurückerobern werden.

Anfang Februar wird ein neuer Kalender angeordnet. Jetzt beginnt die Zeitrechnung nicht mehr mit Christi Geburt, sondern mit der Erstürmung der Bastille.

Ende Februar besucht Caroline mit Forster einen Fastnachtsball, den die Franzosen im kurfürstlichen Schloss geben. Das Oberkommando hat jetzt General d'Oyré. Einer seiner Adjutanten ist sein achtzehnjähriger Neffe Jean-Baptiste Crancé-Dubois.

Das Schloss hat viele Räume. Es wird in einem jener Räume abseits des Ballgeschehens gewesen sein, dass Caroline sich mit dem jungen Mann »zerstreute«. Dem Neffen des Kommandanten dürfte es ein Leichtes gewesen sein, sich einen Schlüssel zu besorgen.

Im März wird Mainz Republik, die erste in Deutschland. Die Alliierten setzen tausend Gulden auf Forsters Kopf aus. Forster fährt als Deputierter der Mainzer Regierung nach Paris. Als auch Caroline eine Woche später endlich die von den Alliierten belagerte Stadt verlässt, weiß sie noch nicht, dass die Begegnung mit Leutnant Crancé Folgen hat. Sie reist mit Auguste und zwei Frauen, die sie aus Göttingen kennt und in Mainz häufig bei Forsters gesehen hat – mit Meta Forkel und deren Mutter, der Witwe Wedekind. Ihr Ziel ist Gotha, wo sie Freunde hat, vor allem ihre Jugendfreundin Luise und deren Mann, Wilhelm Gotter.

Vor Oppenheim wird die Kutsche von preußischen Dragonern angehalten. Die Reisenden müssen ihre Papiere vorzeigen. Ihre Namen erregen Verdacht, der Kutscher tut das Seinige hinzu. Die Frauen werden verhaftet, nach Frankfurt gebracht und von dort aus, zusammen mit anderen Sympathisanten der Revolution, auf die Festung Königstein im Taunus.

Caroline, die zunächst nur wegen des Namens Böhmer verhaftet wurde (ihr Schwager, Georg Böhmer, war Sekretär bei dem ersten französischen Kommandanten von Mainz, General Custine), soll nun als Geisel für Georg Forster dienen. Man hält sie für Forsters Geliebte und verlangt von ihr, dass sie ihm schreibt und ihn bittet, sich zu stellen.

Sie weigert sich.

Zusammen mit Auguste, Meta Forkel, die als Geisel

für ihren Bruder, den Jakobiner Wedekind, festgehalten wird, und fünf fremden Frauen wird sie in eine Zelle eingesperrt, von Gefangenenwärtern und Wachen drangsaliert, immer wieder verhört. Leidet unter der schlechten Luft, dem Ungeziefer und den Schreien der misshandelten Gefangenen. Erfährt, dass ihre Schwester Lotte bei der Geburt ihres ersten Kindes gestorben ist. Und ist vollkommen allein mit der Gewissheit, dass sie schwanger ist. Feiert mit Auguste deren achten Geburtstag und weiß, dass man das Kind in ihrem Bauch dem verfemten Forster zuschreiben wird. Oder dem Jakobinergeneral Custine.

Über hundert Jahre später wird ein Herausgeber ihrer Briefe, Erich Schmidt, diese lang verheimlichte Episode ihres Lebens mit den Worten aufdecken: »Während sie dem heißen Boden entfloh, wurde Caroline von dem im langen Stillleben angestauten Drang ihrer Freiheitsliebe wie ihrer Sinnlichkeit fortgerissen, so dass sie sank und fiel.«

Wäre ihre Schwangerschaft entdeckt worden, hätte »die Schande« ihr eine bürgerliche Existenz unmöglich gemacht. Man hätte ihr die Witwenrente aberkannt und die Tochter Auguste fortgenommen. Erich Schmidt: »Diese lichtscheue Buhlschaft ... drohte ihr den Untergang.«

Caroline ist entschlossen, sich zu vergiften, falls sie nicht rechtzeitig freikommt, um das *Kind der Glut und Nacht*, wie sie es nennt, heimlich auszutragen.

Das Gift besorgt ihr einer ihrer abgewiesenen Verehrer: August Wilhelm Schlegel, der als Hauslehrer in Amsterdam lebt und von dort aus alle Hebel in Bewegung setzt, um ihre Freilassung zu erwirken.

Im vierten Monat schwanger, wird sie aus der Festung Königstein nach Kronberg verlegt, bekommt ein Zimmer für sich und Auguste, muss keine Gefangenenwärter mehr sehen, hat *Arrest ohne Bewachung* und könnte versuchen zu fliehen, bevor die Schwangerschaft entdeckt wird.

Sie ist im fünften Monat schwanger, als sie schließlich durch die Bemühungen ihres jüngsten Bruders Philipp freikommt.

In der Festung Königstein war Caroline Böhmer drei Monate inhaftiert.
Zeitgenössische Fotografie.

Philipp, dreiundzwanzig Jahre alt, preußischer Militärarzt in Berlin, hat sich an eine Bekannte gewandt, Sophie Betmann, auf die der preußische König, Friedrich Wilhelm II., ein Auge geworfen hat. Sophie richtet es so ein, dass Philipp die Bittschrift für seine Schwester dem König in ihrem Garten überreichen kann.

Der König, der bis zum Erhalt der Bittschrift angenommen hatte, Caroline sei die Frau ihres Schwagers, des Jakobiners Georg Böhmer, verfügt ihre Freilassung.

Wilhelm Schlegel nimmt Urlaub von seiner Hauslehrerstelle in Amsterdam, reist nach Kronberg, begleitet Caroline nach Leipzig, bringt sie unter dem Namen Julie Krantz bei einem alten Arzt in Lucka unter, verpflichtet seinen jüngeren Bruder Friedrich, sich um sie zu kümmern, und fährt nach Amsterdam zurück.

Was die Begegnung mit der dreißigjährigen Frau für den damals einundzwanzigjährigen Friedrich Schlegel bedeutete, lässt sich in seinem Roman *Lucinde* nachlesen: »Der erste Anblick einer Frau, die einzig war, und die seinen Geist zum ersten Mal ganz und in der Mitte traf ... Er erstaunte und erschrak, denn wie er dachte, dass es sein höchstes Gut sein würde, von ihr geliebt zu werden und sie ewig zu besitzen, so fühlte er zugleich, dass dieser höchste und einzige Wunsch ewig unerreichbar sei. Sie hatte gewählt und hatte sich gegeben; ihr Freund war auch der seinige und lebte ihrer Liebe würdig ... Darum drängte er alle Liebe in sein Innerstes zurück und ließ da die Leidenschaft wüten, brennen und zehren ... Sie konnte in derselben Stunde irgendeine komische Albernheit mit dem Mutwillen und der Feinheit einer gebildeten Schauspielerin nachahmen und ein erhabenes Gedicht vorlesen mit der hinreißenden Würde eines kunstlosen Gesanges. Bald wollte sie in Gesellschaft glänzen und tändeln, bald war sie ganz Begeisterung, und bald half sie mit Rat und Tat, ernst, bescheiden und freundlich wie eine zärtliche Mutter ... Wer sie nur von dieser Seite kannte, hätte denken können, sie sei nur liebenswürdig, sie würde als Schauspielerin bezaubern müssen und ihren geflügelten Worten fehle nur Maß und Reim, um zarte Poesie zu werden. Und doch zeigte eben diese Frau bei jeder großen Gelegenheit Mut und Kraft zum Erstaunen, und das war auch der hohe Gesichtspunkt, aus dem sie den Wert der Menschen beurteilte.«

Friedrich Schlegel fährt fast täglich nach Lucka, um die Schwangere zu besuchen. An seinen Bruder schreibt er: »Ich billige das auch, dass Du Dich für sie wagst. Sie ist eine edle Frau, und Du verdankst ihr mehr, als Du ihr je erwidern kannst ... Die Überlegenheit ihres Verstandes über den meinigen habe ich sehr früh gefühlt.«

Ende November des Jahres 1793 bringt Madame Julie Krantz einen Jungen zur Welt, der auf die Namen Wilhelm Julius getauft wird. Wilhelm nach dem Retter seiner Mutter, Julius nach dem erfundenen Ehemann,

Julius Krantz, dessen Nachname auf den wahren Kindsvater Crancé verweist. Als Speditions- und Handelsherr auf Reisen ist diese Phantasiegestalt mit dem eingedeutschten Namen eines französischen Adeligen im Kirchenbuch von Lucka verewigt.

Zu den Taufpaten gehört Friedrich Schlegel, der seinem Bruder schreibt: »Auf ihre Dankbarkeit habe ich doch eigentlich gar keine Ansprüche, aber sie hat meine Freundschaft für immer. Ich bin durch sie besser geworden und das weiß sie vielleicht nicht.«

Carolines Familie und ihre Freunde werden nie von dem Kind erfahren. Alle glauben, sie habe sich, krank und schwach nach der langen Haft, zu einer verheirateten Schwester Schlegels zurückgezogen.

Nach der Geburt des Sohnes hält d'Oyré für seinen Neffen Crancé um Carolines Hand an. Sie lehnt ab.

Im Februar 1794, vier Monate nach der Geburt des Kindes, reist sie mit Auguste nach Gotha, verbringt ein paar Tage bei Gotters und zieht dann in eine eigene kleine Wohnung. Von dem Sohn, den sie bei einer Familie im Altenburgischen zurückgelassen hat, weiß nur Auguste, die sich hütet, das Brüderchen zu erwähnen. Caroline hat es ihr verboten, ohne Erklärung, ohne Drohung, einfach verboten. Nur wenn sie allein sind, reden sie von dem Kleinen. Dennoch verschließen die Gothaer Bürger ihre Türen vor der Witwe Böhmer. Die Freundschaft mit dem Führer der Mainzer Jakobiner macht sie zur Verfemten, nicht nur in Gotha. Im Sommer erlässt ihre Heimatstadt Göttingen ein Aufenthaltsverbot. *Man hält mich für ein verworfenes Geschöpf und meint, es sei verdienstlich, mich vollends zu Boden zu treten ... o hätte ich in meiner Einsamkeit bleiben können! Wissen Sie keine Hütte für mich?*, schreibt sie an ihren in Berlin lebenden Freund Meyer. *Ich bin ja ausgestoßen und muss wenigstens ins Freie blicken können.*

Nach einem Jahr in Gotha gibt sie auf und siedelt mit ihrer Mutter und ihrer Schwester Luise nach Braunschweig über. Dort erreicht sie die Nachricht, dass der kleine Wilhelm Julius bei den Pflegeeltern gestorben ist.

Wilhelm Schlegel kündigt seine Hauslehrerstelle in Amsterdam und zieht nach Braunschweig, um in Carolines Nähe zu sein.

Mutter und Schwester drängen sie, Schlegel zu heiraten. Sie sträubt sich, will nicht noch einmal eine Ehe ohne Liebe eingehen. Will aber wieder dazugehören, wieder am gesellschaftlichen Leben teilnehmen, ein eigenes Zuhause haben. Sie ist zweiunddreißig Jahre alt, als sie August Wilhelm Schlegel schließlich doch heiratet.

Sein Bruder Friedrich schreibt ihr: »Heute ist's drei Jahr, dass ich Sie zuerst sah. Denken Sie, ich stände vor Ihnen und dankte Ihnen stumm für alles, was Sie für mich und an mir getan haben. Was ich bin und sein werde, verdanke ich mir selbst; dass ich es bin, zum Teil Ihnen.«

August Wilhelm Schlegel, um 1820.
Stahlstich eines unbekannten Künstlers, nicht datiert.

Nach der Hochzeit zieht das Ehepaar Schlegel nach Jena, eingeladen von Friedrich Schiller, der Schlegels Mitarbeit an seiner Zeitschrift *Horen* wünscht.

In Jena und Weimar stehen Caroline wieder alle Türen offen. Sie ist zu Gast bei Goethe und Schiller, übersetzt zusammen mit ihrem Mann Shakespeares Theaterstücke und macht ihr Haus am Löbdergraben zu einem Mittelpunkt literarischen Lebens.

Es kommen die Brüder Tieck und die Brüder Tischbein, Friedrich Freiherr von Hardenberg, der Dichter der blauen Blume, der sich Novalis nennt, Sophie von La Roche, die Großmutter Bettine Brentanos und Maximiliane, Bettines Mutter, Clemens Brentano, der seine spätere Frau Sophie Mereau bei ihr kennen lernt, Hufeland, der Arzt von Goethe und Schiller, literarisch gebildet und selber schreibend, nun auch Carolines Arzt, Heinrich Eberhard Gottlob Paulus und seine Frau, von Goethe »das neckische Nichts« genannt, deren Tochter eines fernen Tages Wilhelm Schlegels zweite Frau sein wird.

Man trinkt Tee, unterhält sich, streitet, philosophiert, liest einander vor, was man geschrieben hat, bespricht Übersetzungen, geht miteinander ins Theater, macht Spaziergänge, Ausflüge, Kahnfahrten und Schlittenpartien.

Erst als Caroline im darauf folgenden Jahr mit Schlegel nach Dresden reist, um seine dort verheiratete Schwester zu besuchen, holt die Vergangenheit sie wieder ein.

Dora Stock aus Dresden an Charlotte Schiller in Weimar: »Schlegels werden nun zurück und sehr schlecht von uns erbaut sein; denn wir haben die Dame nur ein einziges Mal gesehen. Ich kann nicht leugnen, dass ich mich vor den unangenehmen Erinnerungen fürchte, die mir ihr Anblick geben würde. Denn sie war Vertraute zwischen der Forster und Huber. Hier hat man nicht vergessen, dass sie die Böhmer ist, die auf dem Königstein gesessen, und wir erhielten aus einem großen

Hause die Warnung, nicht mit ihr umzugehen. Du kannst Dir also leicht denken, dass wir ihre Visite eben nicht gern erwarteten. Sie kam, und ich fand gar nichts Vorzügliches, sondern etwas sehr Gewöhnliches an ihr. Vielleicht wollte sie sich auch nicht in ihrem Geistesputze zeigen, weil unsere Aufnahme so kalt war. Wir machten die Gegenvisite, wie sie nicht zu Hause war, vermieden nachher sie zu sehen, und so ist's geblieben. Sie werden daher sehr aufgebracht auf uns und überhaupt auf Dresden sein, wo man wenig Notiz von ihr genommen hat.«

Längst haben sich die Gerüchte um Caroline verselbstständigt. Bei einem Diner in Dresden kommt der Dichter Jean Paul neben ihr zu sitzen, streitet sich angeregt mit ihr und berichtet danach, seine Tischnachbarin sei «die Exfrau des Custine« gewesen.

Im Mai des Jahres 1797 kündigt Schiller den Brüdern Schlegel die Zusammenarbeit an den *Horen* auf. Gekränkt, weil man sich über seine Gedichte lustig gemacht hat. Er vermutet, dass Caroline dahintersteckt und nennt sie fortan »Dame Luzifer«. Seine Gattin lässt Wilhelm von Humboldts Gattin wissen, man habe den Kontakt zu ihr abgebrochen, worauf Caroline von Humboldt antwortet: »Dass Du die Schlegel gar nicht mehr siehst, freut mich, es ist doch eine Schlange.«

Die Brüder Schlegel gründen eine eigene Zeitschrift, *Das Athenaeum*, in der die Jenaer Romantiker veröffentlichen, wenn auch Friedrich vorerst noch in Berlin lebt.

Es ist das Jahr 1798. Friedrich hat eine leidenschaftliche Liebschaft mit der Frau eines Berliner Bankiers: Brendel Veit. Seitdem sie mit ihm zusammen ist, hat sie sich den Namen zu Eigen gemacht, den er ihr gegeben hat: Dorothea. Dass dies Carolines zweiter Taufname ist, wird er für sich behalten haben.

Während sie um seinetwillen ihren Mann und ihre gesellschaftliche Stellung unter den wohlhabenden Berliner Juden verlässt, beginnt er, einen Roman zu schreiben, in dem er das erotische Erleben mit ihr verarbeitet: *Lucinde*.

Sie ist Lucinde, er Julius, die männliche Hauptfigur. Es wird kein Zufall sein, dass er den Namen von Carolines Söhnchen für sich in Anspruch genommen hat. Auch das kann Dorothea nicht wissen. Noch ist Caroline für sie bloß die Frau seines Bruders in Jena, die ein Paar Strümpfe für Friedrich gestrickt und nach Berlin geschickt hat. Friedrich bedankte sich: »Dorothea sagte, Sie wären eine Wunderfrau. ›Und dabei kann sie noch Strümpfe stricken.‹ In der Tat waren mir diese sehr willkommen; ich habe deren wenig und diese entsprechen meinem innersten Ideal von Strümpfen.«

Im Oktober dieses Jahres beginnt Friedrich Schelling seine Vorlesungen in Jena. Ein Pfarrerssohn, wie auch Friedrich und Wilhelm Schlegel, dreiundzwanzig Jahre alt, hochbegabt, mit siebzehn promoviert, dann Hauslehrer in Leipzig und nun außerordentlicher Professor der Philosophie in Jena.

Ein Mensch, um Mauern zu durchbrechen, schreibt Caroline an Friedrich. *Glauben Sie, Freund, er ist als Mensch interessanter, als Sie zugeben, eine rechte Urnatur, als Mineralie betrachtet, echter Granit.* Worauf Friedrich fragt: »Aber wo wird Schelling, der Granit, eine Granitin finden?«

Friedrich kann nicht wissen, dass Schelling seine Granitin schon gefunden hat – Caroline.

Was Schelling betrifft, schreibt sie im Februar 1799 an den Dichter Novalis, *so hat es nie eine sprödere Hülle gegeben. Aber ungeachtet ich nicht 6 Minuten mit ihm zusammen bin ohne Zank, ist er doch weit und breit das Interessanteste, was ich kenne, und ich wollte, wir sähen ihn öfter und vertraulicher. Dann würde sich auch der Zank geben.*

Nachdem Dorothea von ihrem Mann geschieden worden ist, kommt sie, von Caroline eingeladen, am 6. Oktober 1799 mit ihrem jüngsten Sohn Philipp in Jena an. Am nächsten Tag schreibt sie an ihre Freundin Sophie Bernhardi, eine Schwester des Dichters Ludwig Tieck: »Gestern Mittag bin ich hier angekommen. Glücklich – recht glücklich war der erste Eindruck von allem, was mich empfing. Caroline ist mir bis jetzt noch recht liebenswürdig erschienen, Wilhelm ist freundlich, und Friedrich gesund und besserer Laune als vor einiger Zeit in Berlin … mich dünkt, Caroline ist gewaltig mit Schelling beschäftigt.«

Dorothea ist nicht die Erste, die merkt, dass Caroline »gewaltig mit Schelling beschäftigt« ist. In Jena wird bereits geklatscht. Der Klatsch ist schon zu dem in Berlin lebenden Philosophen Fichte gedrungen, der seine in Jena zurückgebliebene Gattin beschwört, sich »doch ja in Acht« zu nehmen: »Schelling macht sich einen üblen Namen und das tut mir sehr Leid. Wäre ich persönlich in Jena gegenwärtig, so würde ich ihn warnen. Das Übel ist, dass bei dergleichen Gelegenheiten die Acteurs denken, kein Mensch merke etwas, weil ihnen kein Mensch etwas sagt, so lange, bis ein recht öffentliches Skandal entsteht. Macht denn doch der Mann der Sache nicht ein Ende?«

Es ist ein Jahr her, dass Schelling nach Jena gekommen ist. Caroline hat jeden Tag achtzehn Gäste, die bei ihr zu Mittag essen, darunter die Dichter Tieck und Novalis, der Maler Tischbein mit Frau und vier Kindern und Schelling. Alle bekommen die schon nicht mehr unterschwelligen Spannungen mit. Schelling und Wilhelm Schlegel gehen aufeinander los, Friedrich springt seinem Bruder bei, lässt sich auch von Caroline nichts mehr sagen, fängt an, sie so leidenschaftlich zu hassen, wie er sie geliebt hat. Und macht Dorothea Vorwürfe, weil sie sich »diplomatisch durchwindet«.

»Eigentlich«, schreibt Dorothea an Rahel Levin, »habe ich selbst mich über keine Art von Unbill zu beschweren, im Gegenteil, ich habe Carolinen recht viel zu verdanken, sie war die Erste, die mich öffentlich anerkannte; und wenn es auch nur der Mut sein sollte, so werde ich ihn ihr doch nie vergessen!«

Aber die anfängliche Dankbarkeit ist schon bald einem Gefühl der Abneigung gewichen. Dorothea an Rahel Levin: »Sie wollen Caroline Schlegel nicht für hart erkennen? Darin haben Sie nun geirrt, und hätten sie auch sonst niemals geirrt. Hart, hart wie Stein; wir beide, Sie und ich, meine Liebe, wir sind sammetweich gegen Caroline! Sie kann übrigens recht liebenswürdig sein, wenn sie will! Aber sie muss nicht! Nein, Liebe, sie hat unendliche Vorzüge vor den meisten Frauen, in andern steht sie wieder ganz mit den meisten auf demselben Grad; in der Kieselhärte aber sucht sie ihresgleichen, und wie Ihnen das entgehen konnte, ist mir unbegreiflich.«

Die Spannungen steigern sich bis hin zu offenen Feindseligkeiten und hasserfüllten Szenen. Die Atmosphäre im Haus wird unerträglich. Caroline erkrankt.

Dorothea an Rahel, 10. April 1800: »Die Schlegel ist seit 6 Wochen bettlägerig, krank, erst gefährlich und dann langweilig ... ich muss viel bei ihr sein.«

Friedrich Schlegel bleibt dem Krankenzimmer fern: »Gegen C.s Liebe zu Schelling hätte ich nichts haben können, wäre sie so gerade gewesen wie Schelling. Aber ihr krummes Wesen, ihre unlautern Künste, die sehen und alle Achtung vor ihr verlieren war freilich notwendig ein und dasselbe ... Leugnen will ich es nicht, dass ich aufs stärkste W.s Trennung von C. wünschte, dass ich mich in Hoffnungen verlor über das neue Leben, das ihm mit der Freiheit aufgehen sollte; dass ich laut und leise ihm dazu riet ... W. und Schelling hatten ... eine sehr starke Antipathie gegen einander, die beide oft mit Ruhe eingestanden und oft sehr laut offenbart haben. Es gab also Szenen genug. Bei einer derselben forderte mich W. gewaltsam auf, nun mich auf der Stelle entweder für Sch. oder für ihn zu entscheiden. Ich stand aber nicht an und war dadurch Veranlassung, dass Sch. nicht mehr an den Mittagstisch kam. (Ohne Beleidigung von meiner Seite, ich sprach bloß nicht mit ihm und tat, als sei er nicht da; worin mir natürlich Dor. und auch Tiecks folgten.) C. ging wütend auf mich los, und da ich ihr mit großer Gelassenheit offenherzig meine Denkart zeigte, so kündigte sie mir alle Freundschaft auf und alle Feindschaft an, und da sie bald danach krank ward, so gab sie nicht undeutlich zu verstehn, dass ich schuld sei und der Ärger sie krank gemacht.«

Nachdem sie so weit wiederhergestellt ist, dass sie reisen kann, fährt sie mit Auguste in das schwäbische Bad Bocklet. In Rudolstadt schließt Schelling sich ihnen an, begleitet sie bis Bamberg und reist dann weiter zu seinen Eltern.

In dem Haus am Löbdergraben bleiben Friedrich und Dorothea zurück, die triumphierend nach Berlin berichtet: «Caroline ist fort und wir, da W. in Leipzig ist, die unumschränkten Herren ... Sie wird mit Schelling gewiss nicht länger glücklich sein, als sie es mit W. war;

denn sie hat ihn mit vieler Kunst für sich gewonnen; er hatte eine entschiedene Abneigung gegen sie, so wie gegen alle geistreiche bedeutende Frauen, wie kann sie also glauben, dass eine so zur Roheit prädestinierte Natur ihr zu Liebe (denn sie kannte seinen Abscheu gegen die gebildeten Frauen) eine andere Natur annehmen wird? ... Wilhelm liebt sie wirklich noch ... Dass die ganze Welt darum weiß und ihn lächerlich findet, fällt ihm nicht ein ... So musste zwei Tage vorher, eh sie abreiste, Schelling zu Fuße weggehen, als ob seine Reise mit der ihrigen nicht zusammenhinge, und doch wussten wir nicht allein, sondern es war allgemein bekannt, dass Schelling in Rudolstadt 6 Meilen von hier auf sie wartet, wo Wilhelm sie dann hinbegleitete und sie ihm auslieferte, sie ist mit ihm nach Bamberg gereist, wo sie bis zur Badezeit bleiben will.«

In Bad Bocklet wird Auguste krank. Schelling kommt aus Bamberg, streitet mit dem Badearzt um die Behandlung, versucht vergeblich, Auguste zu retten.

Auguste ist fünfzehn Jahre alt und vielleicht ein wenig oder sehr verliebt in den Mann, den sie und ihre Mutter »Mull« nennen, weil er einen Katerkopf hat und aus Schwaben kommt, wo »Mull« das Wort für Kater ist. Verliebt und eifersüchtig auf ihn, auf ihre Mutter, die sie wegen ihrer Kratzbürstigkeit ihm gegenüber gescholten hat, frühreif und zerrissen zwischen allen, die ihr nahe stehen, auch dem Vater Wilhelm, der am längsten geblieben ist von all den Vätern, die gekommen und wieder

Auguste Böhmer, Carolines Tochter aus erster Ehe.
Pastell nach einem Gemälde von August Wilhelm Tischbein,
nicht datiert.

gegangen sind wie die Schwestern und der kleine Bruder, den sie im Arm gehalten hat und unbegreiflicherweise verlassen musste. Wieder eine tagelange Fahrt in der Postkutsche, die Hände im Muff vergraben, die Füße an heißen Steinen notdürftig gewärmt. Wieder einmal verpflanzt wie so oft in ihrem kurzen Leben: von Clausthal nach Göttingen, von Göttingen nach

Marburg, von Marburg zurück nach Göttingen, von Göttingen nach Mainz, von Mainz auf die Festung Königstein, von Königstein nach Kronberg, von Kronberg nach Leipzig, von Leipzig nach Lucka, von Lucka nach Gotha, von Gotha nach Braunschweig, von Braunschweig nach Jena, von Jena nach Dessau zu den Tischbeins, zum ersten Mal ohne die Mutter, das einzig Dauerhafte in ihrem Leben. Die Mutter fehlt ihr. Sie will vor der Zeit zurück. Das Bild, das Tischbein von ihr malt, bleibt unvollendet. Von Dessau zurück nach Jena, wo alle verfeindet sind und die Mutter krank wird ... Und dann von Jena nach Bamberg, von Bamberg nach Bad Bocklet, wo sie am 12. Juli an einer Krankheit stirbt, die zu ihrer Zeit »Ruhr« genannt wird.

In Jena verbreitet Dorothea Veit das Gerücht, Schelling habe durch Kurpfuscherei Augustes Tod mitverschuldet. Vor allem aber gibt sie Caroline die Schuld, schreibt nach Berlin: »Alles, was weiblich in einem ist, muss sich empören bei dieser ruchlosen Verderbtheit.«

Doch es sind nicht die Gerüchte, nicht die Gehässigkeiten, die Caroline veranlassen, Schelling zu entsagen. Es sind heftige Schuldgefühle, die Caroline den Geliebten nur noch als Bruder ihres toten Kindes, als Sohn, als Freund sehen lassen wollen: *Es ist fortan ein Verbrechen, wenn wir uns etwas anderes sein wollten.*

Drei Jahre lang hält sie Abstand. Sie geht nach Braunschweig zu ihrer Schwester Luise, wo sie das erste

Weihnachtsfest ohne Auguste verbringt – mit Wilhelm Schlegel, der wie immer, wenn sie Not leidet, für sie da ist. »Ein freundliches und selbst freundschaftlich zärtliches Verhältnis wird zwischen mir und C. immer fortdauern; sie macht gar keine Ansprüche an mich, begleitet aber jede meiner Tätigkeiten und mein ganzes Leben mit reger Teilnahme. Für sich selbst hat sie nach ihrer jetzigen Stimmung und körperlichen Verfassung schon ganz Abschied von der Welt genommen und ihr Leben ist nur wie ein leichter Schein.«

Sein Bruder Friedrich jedoch kann ihr die Liebe zu Schelling nicht verzeihen. Als er sie ein Jahr nach Augustes Tod in Jena wiedersieht und ihr auf Wilhelms Verlangen die Schlüssel ihres Hauses übergibt, kommt es zu einer letzten frostigen Begegnung. Auch Jahre später noch, nachdem sie Schelling schließlich doch geheiratet hat, wünscht er: »Gott gebe, dass der Teufel sie bald holen mag, und zwar mit der gehörenden Feierlichkeit und Lärm nach Standesgebühr; an Gestank wird es ohnehin nicht fehlen.«

Schelling schickt ihr einen Verlobungsring.

Sie schreibt ihm, dass sie nicht in sich, sondern völlig in ihm lebe. Und hält den körperlichen Abstand weiter. Er ist verzweifelt, trägt sich mit Selbstmordgedanken. Sie wendet sich an Goethe, bittet ihn, sich um Schelling zu kümmern. Reist nach Berlin, wo sie bei Wilhelm Schlegel wohnt, der mittlerweile ein Verhältnis mit Tiecks verheirateter Schwester Sophie Bernhardi hat.

Im Jahre 1803 richten Wilhelm und Caroline schließlich ein gemeinsames Gesuch an den Herzog von Weimar, er möge ihre Ehe auflösen. Es gibt noch keine zivile Scheidung, und der Herzog, der gerade Sophie Mereaus Ehe für nichtig erklärt hat, will keine weiteren Präzedenzfälle schaffen. Durch Goethes Vermittlung werden Wilhelm und Caroline am 17. Mai 1803 dann doch geschieden.

Knapp einen Monat später werden Caroline und Schelling in Murrhardt von Schellings Vater getraut. Er ist achtundzwanzig, sie neununddreißig Jahre alt.

Das Ehepaar Schelling zieht nach Würzburg, wo er den Studenten seine Philosophie nahe bringt und sie von ihren Feinden verteufelt wird. Caroline Paulus, in Jena einst das »neckische Nichts«, deren Mann in Würzburg Theologie lehrt, begrüßt es, dass sie durch eine Kirche, »wo nach katholischer Sitte fleißig geräuchert wird«, getrennt von »Madame Luzifer« wohnt. Und Henriette von Hoven, die mit ihrem Mann gar eine Wohnung im selben Haus wie die Schellings bezieht, mag sich von ihrem Gatten nicht damit trösten lassen, »dass mit dem Teufel gut auszukommen sei, wenn man ihn kenne ... Hier scheint sie ihr Glück nicht zu machen und ihre Rechnung zu verfehlen; sie wollte ganz Würzburg dressieren. Die Weiber fliehen sie und die Männer lachen sie aus«.

Carolines Feindinnen in Würzburg halten auch die mittlerweile zum Christentum übergetretene und mit Friedrich Schlegel verheiratete Dorothea im fernen Paris über jeden Klatsch auf dem Laufenden. Dorothea Schlegel an Caroline Paulus: »Das wäre ein Spaß, wenn sie Schelling untreu würde! Aber durch dieses neue Verhältnis wird es mir nun klar, warum Schelling gerade jetzt bissiger und zänkischer ist als jemals. Daran hat sie ganz allein Schuld. Sie muss ihm nun Beschäftigung genug geben, teils damit er ihr nicht mit überflüssiger Liebe beschwerlich fällt, teils damit er nicht Achtung auf sie gibt.«

Es ist keine glückliche Zeit in Würzburg. Studenten, die Schellings Vorlesungen besuchen, wird die bischöfliche Exkommunikation angedroht. Er wird als Atheist verschrien. Soll einen Eid auf den neuen Herrscher, den Herzog von Toskana, schwören. Weigert sich und siedelt 1806 mit Caroline nach München über, wo er zunächst nur Mitglied der Akademie der bildenden Künste, später Generalsekretär wird. Ihm und Caroline bleiben noch drei Jahre. Am 3. September 1809 stirbt sie bei einem Besuch der mittlerweile in Maulbronn lebenden Schwiegereltern an der Ruhr. Als Friedrich Schlegel von ihrem Tod hört, erklärt er: »Ich muss mich erst besinnen, was mir dies für einen Eindruck macht. Freilich, mir war sie schon lange gestorben.« Und während Charlotte Schiller behauptet, für manche seiner Freunde sei es doch, »als wäre ein Gefesselter befreit«, schreibt Schelling an Carolines Bruder Philipp: »Es scheint, dass ein solcher Schmerz eher zu- als abnimmt. In je größere Ferne sie mir tritt, desto lebhafter fühle ich ihren Verlust. Sie war ein eigenes, einziges Wesen, man musste sie ganz oder gar nicht lieben. Diese Gewalt, das Herz im Mittelpunkt zu treffen, behielt sie bis ans Ende ... Wäre sie mir nicht gewesen, was sie war, ich müsste als Mensch sie beweinen, trauern, dass dies Meisterstück der Geister nicht mehr ist, dieses seltne Weib von männlicher Seelengröße, von dem schärfsten Geist, mit der Weisheit des weiblichsten, zartesten, liebevollsten Herzens vereinigt. O etwas der Art kommt nie wieder! Hätte ich Jahre noch zu leben, ich wollte sie alle mit ihr teilen, ja gern jeden Tag, den ich mit ihr wäre, mit einem Blutstropfen bezahlen, um mit ihr zu sterben.«

An Friedrich Wilhelm Joseph Schelling, Braunschweig, Februar 1801

[Anfang fehlt] ... *würden im Sommer zusammen leben. Das kommt mir nun als Verblendung über den Weg, den wir zu nehmen hatten. Mein lieber Freund, und ich nenne Dich so mit Liebe, vielleicht bin ich wirklich schwer zu einer Entscheidung zu bringen, allein ich habe sie noch stets gefasst, ehe es zu spät war, und mich unverrückt an ihr gehalten. Ich sage nicht heut – ich will* das tun – und morgen – ich will ein andres, und jedes Mal so zuversichtlich, als wenn es ewig gelten würde – nein, es malt sich wohl sehr deutlich in meinen Äußerungen, dass ich nicht weiß, was ich tun soll – bis der Moment kommt. Der ist da, und ich bitte Dich, nimm es so an.

Ich scheide nicht von Dir, mein Alles auf Erden, das Mittel, das die Seele ergreift, um sich der Entweihung des Bundes zu entziehn, stellt alles her, ihn selbst in seiner ganzen Schöne und die Zärtlichkeit, die ihn unterhält.

Ich bin die Deinige, ich hebe, ich achte Dich – ich habe keine Stunde gehabt, wo ich nicht an Dich geglaubt hätte, es sind Umstände gewesen, die Deinen Glauben an mich trübten, es wird nun heller werden. Ich sehe Dich wieder, vermutlich so bald, als ich mir kürzlich vorstellte. Als Deine Mutter begrüße ich Dich, keine Erinnerung soll uns zerrütten. Du bist nun meines Kindes Bruder, ich gebe Dir diesen heiligen Segen. Es ist fortan ein Verbrechen, wenn wir uns etwas anders sein wollten …

An Schelling, Braunschweig, März (?) 1801

Spotte nur nicht, Du Lieber, ich war doch zur Treue ge- boren, ich wäre treu gewesen mein Leben lang, wenn es die Götter gewollt hätten, und ungeachtet der Ahndung von Ungebundenheit, die immer in mir war, hat es mir die schmerzlichste Mühe gekostet, untreu zu werden, wenn man das so nennen will, denn innerlich bin ich es niemals gewesen. Dieses Bewusstsein eben von innerlicher Treue hat mich oft böse gemacht, hat mir erlaubt mir wagend zu erlauben; ich kannte das ewige Gleichgewicht in meinem Herzen. Konnte mich etwas Nied(r)eres vor dem Untergang bewahren in meinem gefahrvollen Leben als dieses Höchste? Und wenn ich mir Verzweiflung bereitet hätte in der Verzweiflung der von mir Geliebten – ja, ich würde im Schmerz darüber verzweifeln, im Gewissen nicht, niemals könnte ich wie Jacobi ausrufen: verlasse Dich nicht auf Dein Herz. Ich müsste mich verlassen auf mein Herz über Not und Tod hinaus, und hätte es mich in Not und Tod geleitet. Das ist mein unmittelbares Wissen, dass diese Sicherheit sicher ist, und könnte sie in mir zerbrochen werden, so müsste sogleich die Vernichtung eintreten, für mich nämlich. Denn eine Lehre ist das nicht und kann nicht mitgeteilt werden, eine unsichtbare Kirche wird es aber doch wohl sein. Du siehst, ich nehme es mit der Treue im Großen – aber gewiss nicht, um Dir zu entschlüpfen, nur weil mir das so nahe liegt; insofern ich mir treu bin, bin ich es auch Dir. Freilich wohl, so wie nach meiner Idee die Sünde nicht in den Handlungen liegt, so möchte auch die Treulosigkeit mir nicht in den Untreuen erscheinen, und Du bist also vielleicht schlecht zufrieden. Bist Du, mein Lieber? Nein, Du erkennst hierin den Punkt auch, der Hohes und Niedres scheidet, sonst hättest Du mir

letzthin nicht so ernst zugestanden, dass Du keinen zu-
verlässigen Freund hättest wie mich – und jetzt so
anmutig mit Deiner Freundin über ihr untreues Haupt
gescherzt. Diese wenigen Zeilen sind in der Tat recht
bezaubernd süß – aber ich hoffe doch, unter Liebens-
würdigkeit verstehst Du die Würdigkeit, geliebt zu
werden? Worauf bezieht sich aber die Erwähnung: Du
glaubtest jetzt selbst, was man über diesen Punkt (der
Nichttreue nämlich) versichert habe? Geht das mich oder
mein ganzes Geschlecht an? ...

An August Wilhelm Schlegel

Jena, Donnerstag, 14. Januar 1802

... Höre, Freund, und merke auf, obgleich von Geld-
sachen die Rede sein wird, welches Dir höchst fatal
ist, wie mir wohl bewusst, weswegen ich sie auch am
liebsten auf 40 Meilen in die Weite von Dir abtue.

Du weißt, dass ich das Kapital von 1000 rh. [rhei-
nische Golgulden] in Hannover gekündigt habe. Es
wird Anfang Februars ausgezahlt. Nun kam mir diese
Summe unermesslich vor, obgleich Philipp davon bezahlt
werden sollte – ich dachte 7-Meilen-Stiefel-Schritte damit
zu tun und noch der Mutter ... auszuhelfen, ja ich ver-
sprach, Schellingen etwas zu leihen bis Ostern wenigs-
tens, damit er nicht zu schnell arbeiten sollte und es desto

besser werden würde. Lauter Rechnungen ins Blaue
hinein! Meine tausend rh. sind nicht die unendliche Welt
mehr, sondern eine übersehliche kleine Erdkugel. Sie
reichen kaum, wie beiliegende Übersichten besagen, für
das Bedürfnis des Augenblicks hin, und das hat mich
allerdings heiß und angst gemacht, bis ich mich mit
Hülfe der Anschauung des Ewigen wieder gefasst habe.

Das große Defizit liegt, dünkt mich, mehr im Mangel
von Einnahmen, die seit Jahr und Tag zufällig geschmä-
lert worden, als selbst in der zerstreut und getrennt
geführten Wirtschaft. Denn wenn mein Freund überlegen
will, dass ich ihm seit dem Sommer 1800 nichts gekostet
– indem ich seit dieser Zeit völlig 1500 rh. aus meinem
Vermögen hergegeben, nämlich jetzt die 1000 rh. und
über 200 rh. nebst Zinsen, die ich von Göttingen mit
nach Braunschweig brachte – so kann er nicht sagen, dass
die Umstände seine Finanzen beeinträchtigt haben, Du
hast die Rechnung über fast alles Geld, was Du mir
seitdem gegeben, das zur Reise nach und von Bamberg
verwandte etwa ungerechnet, aber mitgerechnet alles
dieses, und alles das, was in beigehenden Papieren auf
meine persönliche Rechnung fällt, wird es doch heraus-
kommen, dass Du mehr von mir bekommen als für
mich und auf Veranlassung meiner verwendet hast.

Diese Bemerkung nur, mein herrlicher Schlegel
(nämlich mein herrischer), damit ich mich wie billig vor
jedem Vorwurf sauviere [rette] – denn außerdem, ah mon
dieu, wenn ich nur recht viel hätte, um Dir recht viel zu

geben! Es ist weiter nichts, als dass Du nicht erbst, was wir zusammen verzehren. – Ich habe auch für die Zukunft die Zuversicht, dass Du immer mehr gewinnen wirst, dass Flut eintreten wird nach der Ebbe und dass uns dieses Zusetzen des Kapitals – welches Du von Deiner Seite auch hast tun müssen – nicht in Not bringen wird. In meiner jetzigen Lage, von aller Sorge für andre verwaist, habe ich eigentlich nur die Einbuße der jährlichen Zinsen zu rechnen ...

Ehe alle die Geldangelegenheiten in Ordnung sind, kann ich so nicht von hier und bin also erst gegen das Ende des Februar in Bereitschaft, höchstens in der Mitte. Das hängt dann weiter von Dir ab, ob ich auch noch später kommen soll. – Wir haben es so von beiden Seiten angekündigt, dass ich auch deswegen kommen muss. – Oder willst Du mich etwa nicht, guter, lieber, anmutiger Freund?

Sieh die Rechnungen nur ja genau durch, nicht so flüchtig, als wenn Du Dir die Finger damit verbrennst. Dann wirst Du auch sehen, dass ich mich einer schrecklichen Deutlichkeit dabei befleißigt habe.

Dorothea Veit-Schlegel, geb. Mendelssohn

geboren 1763 in Berlin
gestorben 1839 in Frankfurt

Anders als die Günderode und Bettina, als Rahel und Caroline lebt Dorothea nicht in dem Zwiespalt zwischen dem Willen zur Selbstständigkeit und dem Wunsch nach Hingabe. Bedingungslos, ohne zu fragen, ohne zu klagen, ordnet sie sich unter. *»Und er soll dein Herr sein!« Diese Worte des Schöpfers sind nicht Moralgesetz, sondern Naturgesetz und als solches liebevolle Warnung und Erklärung. Es können Frauen durch die unvernünftige Herrschaft der Männer unglücklich sein, ohne diese Herrschaft sind sie aber auf immer verloren und das ohne alle Ausnahme.*

Während die Günderode und Bettina, Rahel und Caroline im Rahmen der Möglichkeiten, die Zeit und Umstände ihnen lassen, werden, wer sie sind, glaubt Dorothea: *Seine Eigentümlichkeit nicht verleugnen, nach seinem eigenen Gemüt und Gewissen leben ist unanständig und arrogant, als wenn man auf einer Maskerade ohne Maske erscheinen wolle.*

Sie geht den traditionellen Weg der Frau: in den Fußstapfen des geliebten Mannes.

Wer Friedrich Schlegel nicht oder nicht genug

schätzt, ist ihr Feind. Auch daran wird der Jenaer Kreis zerbrechen: *Sie* [Caroline] *ist ganz übermütig gegen ihn und ist durchaus nicht imstande, ihn zu begreifen, und dies ist der Punkt, worin ich keinen Scherz verstehe.*

So viel Ergebenheit, so viel Selbstverleugnung muss an anderer Stelle wieder wettgemacht werden: Mit ihrer boshaften Klatschsucht hat Dorothea sich den Zorn mancher Frau eingehandelt. Caroline über Dorothea: »Wenn sie doch jemand totschlüge, bevor ich stürbe.«

Dorothea, eigentlich Brendel – denn Dorothea nennt sie sich erst, seitdem sie mit Friedrich Schlegel verbunden ist –, Brendel-Dorothea ist die älteste Tochter des Philosophen Moses Mendelssohn.

Ihr Vater ist klein und verwachsen. Er war vierzehn Jahre alt, als er seinem Talmudlehrer aus Dessau nach Berlin folgte, um seine Ausbildung bei ihm fortsetzen zu können. In Berlin wurde er wegen seines scharfen Verstandes schnell bekannt und von einflussreichen Intellektuellen gefördert. Arbeitete erst als Hauslehrer, dann als Buchhalter in der Firma eines Seidenfabrikanten. Ein Buchhalter, der neben seiner Muttersprache Jiddisch und der Pflichtfremdsprache Hebräisch auch heimlich Deutsch, Lateinisch, Griechisch, Französisch, Englisch und Italienisch gelernt hat, philosophische Abhandlungen schreibt und bereits in jungen Jahren als Philosoph der Aufklärung berühmt wird. Anders als Rahel Levins Vater besitzt Moses Mendelssohn keinen Schutzbrief, lebt als »geduldeter Jude«, als »Ausländer« in Berlin.

Kaum ein durchreisender Gelehrter, der es versäumt, ihm seine Aufwartung zu machen, und doch lässt der König Friedrich II. sein Gesuch um die Aufenthaltsgenehmigung unbeantwortet. Den Schutzbrief erlangt er erst, nachdem er in einem literarischen Wettbewerb den Preis der Preußischen Akademie der Wissenschaften gewonnen hat. Doch als die Akademie ihn im Jahre 1771 zum ordentlichen Mitglied wählt, verweigert der König seine Zustimmung.

Dorothea ist siebzehn Jahre alt, als ihr Vater in einem Brief an den Benediktiner Winkopp umreißt, was es heißt, sich als Jude in Berlin zu bewegen: »Ich ergehe mich zuweilen des Abends mit meiner Frau und meinen Kindern. ›Papa‹, fragt die Unschuld, ›was ruft uns jener Bursche dort nach? Warum werfen sie mit Steinen hinter uns her? Was haben wir ihnen getan?‹ – ›Ja, lieber Vater‹, spricht ein anderes, ›sie verfolgen uns immer in den Straßen.‹«

Ein Jahr zuvor ist Lessings Drama *Nathan der Weise* erschienen. Dorotheas Vater ist eng befreundet mit Lessing und gilt als Vorbild des Nathan, der für Toleranz und ein gleichberechtigtes Nebeneinander der Religionen eintritt. Er selbst lebt als frommer Jude nach den Regeln seiner Religion, hat seine älteste Tochter schon als Fünfzehnjährige dem zehn Jahre älteren Bankier Simon Veit versprochen und gibt sie als Achtzehnjährige in die Ehe.

Dorothea Veit.
Pastell eines unbekannten Künstlers, 1798.

Sie bringt vier Kinder zur Welt. Zwei bleiben am Leben: Jonas und Feibisch, den sie später Philipp nennt. Die Ehe ist nicht glücklich. Dorotheas Freundin Henriette Herz rät ihr zur Trennung, doch sie will dem Vater keinen Kummer machen. Solange er lebt und länger noch, wird sie bei dem ungeliebten Mann ausharren.

Sie ist vierunddreißig Jahre alt, als sie im Salon der

Henriette Herz den neun Jahre jüngeren Friedrich Schlegel kennen lernt.

Die Liebesbeziehung zu ihm ist der Anlass zur Trennung nach zwanzigjähriger Ehe. *Seit drei Wochen bin ich, nach vielen Kontestationen [Streitigkeiten], Szenen – nach manchem Schwanken und Zweifeln – endlich von Veit geschieden,* schreibt sie an einen Freund, Carl Gustav von Brinckmann, *und ich wohne allein, aus diesem Schiffbruch, der mich von einer langen Sklaverei befreit, habe ich nichts gerettet als eine sehr kleine revenue [Kapitalrente], von der ich nur äußerst sparsam leben kann, vielen guten, frohen Mut, meinen Philipp, einige Menschen, mein Klavier und das schöne bureau, das ich von Ihnen habe u. vor dem ich Ihnen jetzt schreibe – da haben Sie in wenigen Worten alles, was ich nun besitze – aber wie soll ich Ihnen alles herrechnen, was ich losgeworden bin? ... Denken Sie sich mein Gefühl, solange ich lebe, ist dies das erste Mal, dass ich von der Furcht frei bin, eine unangenehme Unterhaltung, eine lästige Gegenwart oder gar eine demütigende Grobheit ertragen zu müssen. Kaum fühle ich mich noch recht – noch bis jetzt ist mir es wie einem, der lange eine große Last getragen, er glaubt sie noch zu fühlen, nachdem er ihrer schon längst entledigt ist.*

Nach der Scheidung bleibt sie zunächst noch zusammen mit Friedrich Schlegel in Berlin.

In dieser Zeit schreibt er über sie: »Sie ist eine wackere Frau von gediegenem Wert. Sie ist aber sehr einfach und hat für nichts in und außer der Welt Sinn als für Liebe, Musik, Witz und Philosophie. In ihren Armen habe ich meine Jugend wiedergefunden und ich kann sie mir jetzt gar nicht aus meinem Leben wegdenken. Dies ist nicht Täuschung, sondern Einsicht, da wir, beide reicher an Sinn und Vernunft als an Phantasie, die Grenzen unserer Verbindung so bestimmt sehen und wissen, und sie besonders hat es immer auf eine große Art, wenngleich sehr weiblich ertragen, wenn ich diese Grenzen mit aller Härte meiner Offenheit bestimmte.« Zusammen mit ihrem sechsjährigen Sohn Philipp folgt sie Schlegel im Oktober 1799 nach Jena. Unverheiratet. Offiziell kommt sie als Carolines Freundin nach Jena. Um zu heiraten, müsste sie sich taufen lassen. Dazu aber kann sie sich aus Rücksicht auf ihre Mutter zunächst nicht entschließen. Und wenn der Vater auch vor drei Jahren gestorben ist, mag ihr der Übertritt zum christlichen Glauben doch als Verrat an ihm erschienen sein.

Sie war ein kleines Mädchen, als ihr Vater die wohl größte Krise seines Lebens durchmachte, nachdem ihn der Schweizer Theologe Johann Lavater in einem offenen Brief hinterhältig aufgefordert hatte, die Beweise des Philosophen Charles Bonnet für die Wahrheit der christlichen Lehre zu widerlegen oder zum Christentum überzutreten. Viel Staub wurde aufgewirbelt, viele Briefe geschrieben, viele Streitschriften gedruckt. Dorotheas Vater antwortete Lavater in einer Schrift, in der er sich zu seinem Judentum bekannte und erklärte, dass

Der junge Friedrich Schlegel.
Zeichnung von Caroline Rehberg, nicht datiert.

er »als Mitglied eines unterdrückten Volkes in einem christlichen Land« nicht in der Lage sei, Einwände gleichberechtigt zu äußern.

Aber es gibt noch einen weiteren Grund, warum Dorothea sich nicht einfach taufen lassen kann: Ihren Sohn Philipp darf sie nur unter der Bedingung behalten, dass sie nicht zum Christentum übertritt und sich nicht wieder verheiratet.

So verlässt sie Berlin erst, nachdem Friedrich schon abgereist ist.

»Diesen Mittag kam die Veit an«, berichtet Caroline ihrer Tochter Auguste, »nachdem Friedrichs Ungeduld aufs Höchste gestiegen war. Also nun ist sie da, – da ist sie – merke Dir's wohl. Sie hat ein nationales, c'est à dire jüdisches Ansehn, Haltung und so weiter. Hübsch kommt sie mir nicht vor, die Augen sind groß und brennend, der Unterteil des Gesichts aber zu abgespannt, zu stark. Größer wie ich ist sie nicht, ein wenig breiter. Die Stimme ist das sanfteste und weiblichste an ihr.«

Rivalinnen sind die beiden Frauen von Anfang an, doch Caroline ist zunächst in der besseren Position. Mit der Liebesbeziehung zu Friedrich Schlegel und der Scheidung von ihrem Mann hat Dorothea sich außerhalb der Gesellschaft gestellt: Sie lebt unverheiratet, das heißt rechtlos mit Friedrich zusammen, der verschuldet ist und sie nicht ernähren kann.

Das Erscheinen seines Romans *Lucinde*, der sich in kaum verhüllter Form auf ihre gemeinsame Geschichte bezieht, verursacht einen neuen Skandal.

Dorothea an den Theologen Friedrich Schleiermacher: *Was* Lucinde *betrifft – ja was* Lucinde *betrifft! Oft wird mir es heiß und wieder kalt ums Herz, dass das Innerste so herausgeredet werden soll – was mir so heilig war, so heimlich, jetzt nun allen Neugierigen, alles Hassern preisgegeben … Ich denke aber wieder, alle diese Schmerzen werden vergehen mit meinem Leben und das Leben auch mit; und*

alles, was vergeht, sollte man nicht so hoch achten, dass man
ein Werk darum unterließe, das ewig sein wird.

Friedrichs Bruder Wilhelm nennt das Buch eine »törichte Rhapsodie«. Markus Herz, der Arzt und Freund von Dorotheas Vater und Ehemann ihrer Freundin Henriette, äußert sich drastischer: «Der eine Teil ist eine gemeine prosaische Schweinigelei, der zweite eine poetische und der dritte Unsinn.«

In Jena beginnt Dorothea selbst einen Roman zu schreiben, *Florentin*, der, von Friedrich Schlegel herausgegeben, anonym erscheint.

Dorothea an Clemens Brentano: *So wird jetzt, wie uns gesagt wird, in ganz Jena behauptet, den Florentin hätte ich, ich gemacht! Und weil man nun so davon überzeugt ist, so schimpft man eben darum ganz unbarmherzig darauf … Ich kann nun von diesen Ähnlichkeiten, die der Florentin haben soll, keine finden, außer das Bestreben nach einem gebildeten Stil. Ebenso gut könnte man viel vom Abc darin finden. Friedrich gibt ihn unter seinem Namen heraus, wem wir ihn aber eigentlich zu verdanken haben, weiß ich wahrhaftig auch nicht. Dem sei, wie ihm wolle, es ist ein recht freundliches, erfreuliches, ergötzliches Buch … Mich hat es sehr amüsiert, ich habe es zweimal gelesen und erwarte mit Ungeduld die Fortsetzung. Schreiben Sie mir auch etwas darüber.*

Viele Jahre lang wird sie mitverdienen, durch Übersetzungen, Aufsätze, Kritiken, die meist unter Friedrich Schlegels Namen erscheinen.

Ihm Ruhe schaffen und selbst in Demut als Handwerkerin

Brot schaffen, bis er es kann ... dazu bin ich redlich ent-
schlossen.

Bis 1802 bleibt sie in Jena, dann, nach einem Zwi-
schenaufenthalt in Dresden, geht sie mit Schlegel nach
Paris.

Dort, im Jahre 1804 – sie ist einundvierzig Jahre alt –
lässt sie sich protestantisch taufen und heiratet Friedrich
Schlegel.

Vier Jahre später tritt sie mit ihm zusammen zum
katholischen Glauben über, obwohl sie selbst dem Ka-
tholizismus noch vor nicht allzu langer Zeit wenig
abgewinnen konnte, doch: *In einer schönen Ehe ist es
notwendig, dass die Frau gerade so viel Verstand besitze, um
den des Mannes zu verstehen; was darüber ist, ist von Übel.*

Vielleicht kann sie sich, gerade weil sie alle Bewe-
gungen Friedrichs mitmacht und sich darüber hinweg-
setzt, was sie selbst denkt oder glaubt, keinen Zweifel,
keine Toleranz gestatten, muss jeden bedauern, der ihre
Wahrheit nicht besitzt: *Goethe hat einem Durchreisenden
offenbart, er sei in der Naturkunde und Philosophie ein
Atheist, in der Kunst ein Heide und dem Gefühl nach Christ.
Jetzt wissen wir es also ganz naiv von ihm selber, wieso er es
nirgends zur Wahrheit bringt. Der arme Mann! mich dauert
er sehr.*

Als fromme Katholikin, die täglich die Messe besucht, lebt sie in Köln, später in Wien, wo ihr Mann ab
1809 Sekretär an der kaiserlichen Kanzlei ist.

1818 geht sie für zwei Jahre nach Rom zu ihren Söhnen Philipp und Jonas, die ebenfalls zum katholischen Glauben übergetreten sind und dort als Maler der Nazarenischen Schule leben.

Sie ist sechzig Jahre alt, als Friedrich Schlegel 1823 auf einer Vortragsreise am Schlag stirbt. Dorothea überlebt ihn um sechzehn Jahre, die sie in Frankfurt am Main bei ihrem Sohn Philipp verbringt.

An Schleiermacher in Berlin

Jena, 15. November 1799

Lieber Freund, es ist nicht recht, dass Sie so selten schreiben. Hardenberg ist hier auf einige Tage. Sie müssen ihn sehen; denn wenn Sie dreißig Bücher von ihm lesen, verstehen Sie ihn nicht so gut, als wenn Sie einmal Tee mit ihm trinken. Ich rede nur von der reinen Anschauung, zum Gespräch bin ich gar nicht mit ihm gekommen, ich glaube aber, er vermeidet es; er ist so in Tieck, mit Tieck, für Tieck, dass er für nichts anders Raum findet. Enfin, mir hat er's noch nicht angetan. Er sieht aber wie ein Geisterseher aus und hat sein ganz eignes Wesen für sich allein, das kann man nicht leugnen.

Das Christentum ist hier à l'ordre du jour [an der Tagesordnung]; *die Herren sind etwas toll. Tieck treibt die Religion wie Schiller das Schicksal; Hardenberg glaubt Tieck, ist ganz und gar seiner Meinung; ich will aber wetten, was einer will, sie verstehen sich selbst nicht und einander nicht.*

Nun hören Sie! Gestern Mittag bin ich mit Schlegels, Caroline, Schelling, Hardenberg und einem Bruder von ihm, dem Lieutenant Hardenberg, im Paradiese (so heißt ein Spaziergang hier) – wer erscheint plötzlich vom Gebirg herab?

Kein andrer als die alte göttliche Exzellenz, Goethe selbst. Er sieht die große Gesellschaft und weicht etwas aus, wir machen ein geschicktes Manöver, die Hälfte der Gesellschaft zieht sich zurück, und Schlegels gehn ihm mit mir grade entgegen. Wilhelm führt mich. Friedrich und der Lieutenant gehen hinterdrein. Wilhelm stellt mich ihm vor, er macht mir ein auszeichnendes Kompliment, dreht ordentlicherweise mit uns um und geht wieder zurück und noch einmal herauf mit uns und ist freundlich und lieblich und ungezwungen und aufmerksam gegen Ihre gehorsame Dienerin. Erst wollte ich nicht sprechen. Da es aber gar nicht zum Gespräch zwischen ihm und Wilhelm kommen wollte, so dachte ich, hol der Teufel die Bescheidenheit, wenn er sich ennuyirt [langweilt], so habe ich unwiederbringlich verloren! Ich fragte ihn also gleich etwas, über die reißenden Ströme in der Saale, er unterrichtete mich, und so ging es lebhaft weiter. Ich habe mir ihn immer angesehen und an alle seine Gedichte gedacht; dem Wilhelm Meister sieht er jetzt am ähnlichsten. Sie müssten sich tot lachen, wenn Sie hätten

sehen können, wie mir zu Mute war, zwischen Goethe
und Schlegel zu gehen. Die Wasserprobe des Unmuts
habe ich ehmals glücklich überstanden, werde ich auch die
Feuerprobe des Übermuts überstehen? An Friedrich
machte er auch ein recht auszeichnendes Gesicht, wie er
ihn grüßte; das freute mich recht.

An Rahel Levin in Berlin

Jena, 18. November 1799

Ich wollte, Sie hätten die Briefe bekommen, die ich
Ihnen recht eigentlich und im ganzen Ernst im Herzen
adressierte, so hätte ich ein gutes Gewissen. Das schlechte
Gewissen will ich aber auch nicht länger behalten.
  Es geht mir hier gut, meine Freundin. Wie Sie richtig
bemerkt haben, ich verlange nichts weiter, als vergnügt zu
sein! Wäre ich's nun hier nicht, so könnte mir nimmer
geholfen werden. Wie sollte mir nicht wohl sein? wenn
auch nur in dieser einzigen Rücksicht, dass ich mit
keinen Menschen umgeben bin, die bloß das zu schätzen
wissen, was ihnen durch Tradition als schätzbar bekannt
ist, sondern: hier steht ein jeder seinen Mann!
  Und mit welchen Menschen lebe ich? In den 6
Wochen, die ich nun hier bin, habe ich noch nicht ein
einziges Wort gehört, das mir eine unangenehme Emp-
findung gemacht hätte. Mit Carolinen bin ich sehr zu-

frieden, ich bin du dernier bien [stehe sehr gut] *mit ihr,
und das ist nicht so etwas Leichtes; denn sie schmeichelt
nicht ein einzigs Mal, und tut dergleichen nie aus reiner
Gefälligkeit, ich musste also von ihrer Seite eine etwas
scharfe Prüfung ausstehen, eh sie mir gut ward, freundlich
war sie aber von Anfang an. Was mir aber sehr schätzbar
an ihr ist, das ist ihre zwar etwas harte, aber immer brave
Gradheit und Aufrichtigkeit. So urteilt sie auch über
jedes Werk der Kunst, und über alles ganz dreist, was
aber an andern arrogant wäre, liegt bei ihr in der Unbe-
fangenheit und unbesonnenen Rücksichtslosigkeit ihres
Charakters. Sie ist wirklich recht sehr brav und jedes
Gute an jedem Menschen steht bei ihr am rechten Ort
angeschrieben. Sie hat zwar eine hohe Meinung von sich,
eigentlich sollte aber jeder rechtliche Mensch diese von
sich haben, besonders wenn sie so neben der Gerechtigkeit
für jedes fremde Verdienst steht, als bei Carolinen, und so
ganz naiv sich bei jeder Gelegenheit zeigt, und niemals
die hohe Meinung über sich selbst im Herzen versteckt,
während sie eine für einen ändern erheuchelt ... Sehr
hübsch ist es, wie diese Frau ihre Jugend so erhält, sowohl
körperlich als geistig. Was Sie mir von ihrer Koketterie
gegen W. Schlegel sagten, gab mir gleich anfangs die Ver-
mutung, dass sie ihn nicht liebt, wovon ich nun die völ-
lige Überzeugung habe ...*

An Karoline Paulus

Ist es denn gewiss, dass Schiller tot ist? man hört ja
noch nichts in den Zeitungen davon; es wäre gewiss
recht traurig für seine Freunde und besonders für seine
Frau und Kinder – Doch bin ich nicht schon wieder so
närrisch, mich um die Frau zu ängstigen, die vielleicht
an dem heutigen Tage schon wieder an eine hochadlige
Vermählung denkt? ...

Dass die Schelling sich einen Doktor Köhler ange-
schafft hat, hörte ich schon hier von den Studenten, ich
wollte es aber immer nicht recht glauben und hielt es
eben für Geschwätz ... Bei der Gelegenheit fällt mir
ein, was Wilhelm damals sagte, als sich ihr Verhältnis
mit Schelling manifestierte; »O«, sagte er im größten
Grimm, »sie ist noch nicht am Ende, ihr nächster Lieb-
haber läuft noch im Husaren Habitchen herum!« –
Das wäre ein Spaß, wenn sie Schelling untreu würde!

Aber durch dieses neue Verhältnis wird es mir nun
klar, warum Schelling grade jetzt bissiger und zänkischer
ist als jemals. Daran hat sie ganz allein Schuld. Sie muss
ihm nun Beschäftigung genug geben, teils damit er ihr
nicht mit überflüssiger Liebe beschwerlich fällt, teils
damit er nicht Achtung auf sie gibt. So machte sie
es grade damals mit Wilhelm, der sich gewiss niemals
mit der Littauer Zeitung in so hässliche Streitigkeiten

eingelassen haben würde ... wenn sie ihn nicht auf
tausend Arten dazu verhetzte ... Auch musste, unter-
dessen er so für Schelling focht, der sich während der
Zeit mit ihr über den armen Schelm noch lustig machte,
die Übersetzung des Shakespeare liegen bleiben, wozu er
sie immer in der Nähe brauchte, welches ihr denn sehr
ungelegen war. Die ganze Streitschrift, die damals unter
Schellings Namen gegen die Literatur-Zeitung erschien,
ist von Wilhelm; damit erreichte sie den doppelten End-
zweck, erstlich Wilhelm zu beschäftigen, zweitens ihn
mit Schelling zu verbinden und gewissermaßen mit
Friedrich zu entzweien, welches ihr aber, Dank sei es
Friedrichs großmütigem Charakter und meiner Friedfer-
tigkeit, nicht gelang.

Wie sehr muss sie sich aber noch verschlimmert haben!
Sie tobt und wütet ja jetzt, als ob sie ewig betrunken
wäre ...

Nächst dem wurden meine hiesige Bekannte durch
diese Erzählung des Würzburger Reisenden so neugierig
gemacht und sie bestürmten mich nun so mit Fragen,
dass ich nicht umhin konnte, ihnen eine Schilderung der
vortrefflichen Dame zu machen ... Bertram empfiehlt
sich Dir; er ist ein eifriger Katholik und studiert Tag
und Nacht auf einen recht kräftigen Exorcismus, um
wenn er nach Würzburg kömmt den Teufel oder die
Legion Teufel aus Madame Luzifer zu bannen, dass sie
recht mit Gestank aus ihr fahren ... Das kräftigste unter
allen [Mitteln der katholischen Kirche gegen

Anfechtungen des Bösen] *ist das so genannte*
Teufels Geißelchen, das die besondre Eigenschaft hat,
den Satanas, wenn er sich auch in den schönsten Engel
verkleidet habe ..., in seiner ursprünglichen Missgestalt
zu zeigen ... Dies Büchelchen in einem eleganten Tee-
zirkel, heimlich der Madame Luzifer unter den Aller-
wertesten geschoben, müsste von erfreulicher Wirkung
sein. Sind auch in Würzburg die Kamine weit genug zu
einer möglichst schnellen Retirade [Rückzug]?

An Friedrich Schlegel in Wien

Lobenstein, 21. August 1808

Was würdest Du wohl machen, mein Friedrich, wenn
Du Deine Frau in diesem Augenblick in einer elenden
Stadt zwischen der bayrischen und sächsischen Grenze
(im Voigtlande), in einem Wirtshause wüsstest, wo sie
den ganzen Tag eingeschlossen auf einem großen Zimmer
ganz allein sitzt, das ganze Haus voller Franzosen, die
wie die Teufel auf und ab lärmen, bei schlechter Kost,
elendem Wetter und in einem Moment zehnmal un-
geduldig und zehnmal wieder geduldig werdend — was
würdest Du tun in der großen Kaiserstadt, von Freunden
und Gönnern umgeben, wenn Du mich aus der Ferne in
diesem Zustande sähest? — So ist es aber! — In Bamberg
kam ich am 16. spät Abend an und ward ganz zur Un-

*zeit und wider Vermuten in derselben Nacht krank;
doch zum Glück nicht sehr stark, so dass ich nicht den
ganzen Tag zu Bette bleiben musste, doch musste ich
drei Tage ausruhen, zumal man mir alle Augenblicke
Hoffnung machte, dass ich eine Reisegesellschaft finden
würde. Ich ging zwar den ganzen Tag zu Paulus, doch
musste ich im Wirtshause schlafen und frühstücken, und
darüber ungeduldig, machte ich mich den dritten Tag,
noch nicht hergestellt, wieder auf den Weg und das ganz
allein mit einem Mietwagen, der mich nicht weiter als
bis Kronach bringen wollte, weil dort böse Wege angehen,
deren kein Bamberger Fuhrmann kundig ist. Ich kam
den 19. glücklich dort an und mietete gleich wieder einen
Wagen, der mich bis Schleiz bringen sollte. Unterwegs
hörten wir aber, dass wir grade der französischen Armee
entgegengingen, die von Schlesien zurückkäme. Ich hatte
guten Mut und wollte meinen Kutscher bereden, mich
an Ort und Stelle zu bringen, aber alles war umsonst;
er bat mich mit weinenden Augen, nicht weiterfahren zu
wollen. «Wenn Sie es befehlen«, sagte der treue Kerl,
»so fahre ich zu, denn mit Ihnen führe ich durch die
ganze Welt und ließe mein Leben für Sie, aber die
Pferde gehören meinem Herrn und die nehmen mir die
Franzosen gewiss, wenn wir ihnen begegnen.« Die ganze
Gegend war im höchsten Schrecken, sie waren auf dem
Hinmarsch sehr stark mitgenommen worden. Umsonst
suchte ich den Leuten zu beweisen, dass sie wahrscheinlich aus Missverstand wären feindlich behandelt worden,*

denn die Gegend gehört einem Fürsten Reuss, und die Franzosen haben gewiss anstatt reussisch, preussisch zu hören geglaubt. Aber all mein Zureden war umsonst, die Leute steckten mich mit an, und ich hielt es am Ende auch für ratsamer, lieber hier einzukehren, anstatt irgendwo anzukommen, wo sie schon sind, und dort vielleicht nicht unterkommen zu können oder ihnen gar auf freiem Felde zu begegnen. Die Wirtsleute gaben mir sogleich ihr bestes Zimmer und waren ordentlich froh, jemand zu haben, dem sie es anvertrauen konnten, damit die Offiziere es nicht fordern dürften. Ich teilte ihnen meine Besorgnisse nicht mit, dass sie, wenn es ihnen gefällig sein sollte, dies Zimmer grade zu bewohnen, sie schon eine Art finden würden, mich meiner Herrschaft darüber zu entsetzen, und zog mit meinem Koffer mutig ein. Die Leute behandeln mich, so gut sie können, aber es ist ein armer elender Flecken, mitten in einem wilden, waldigen Gebirge. Der Weg von Kronach hierher ist ganz entsetzlich, es kann in Polen unmöglich übler sein. Dabei liegt ein beständiger dichter Nebel drüber her, der in feinem Staubregen herunterfällt. Es ist auffallend, wie kalt die Gegend gegen das Rheinland ist. Dort ist alles Getreide schon längst eingebracht, hier ist es noch nicht einmal alles geschnitten und die Leute heizen des Abends ein und halten dies nicht für ein besonderes Ereignis. Seit gestern Mittag bin ich nun also hier eingefangen und es kann leicht noch ein paar Tage dauern. Die Märsche gehen ununterbrochen fort, sogar die ganze Nacht. Sie

dürfen höchstens nur eine Stunde sich aufhalten; es geht
eilends hinauf, die meisten werden auf Wagen transpor-
tiert. Künftige Nacht aber werden wohl 5 bis 6000 Mann
hier ordentlich übernachten, und alsdann hoffe ich weiter-
zukönnen; einen halben Tag oder so etwas werde ich noch
zugeben müssen, um nicht gar einigen Maroden in die
Hände zu geraten. Denk Dir meine Ungeduld! Dazu
kömmt noch, dass ich noch immer nicht ganz gesund bin
und mich sehr angegriffen fühle, was durch das schlechte
Leben sehr vermehrt wird. Welch ein Unterschied dieses
Landes (auch sogar Bayern nicht ausgenommen) gegen
den Rhein! Du herrliches Land, wie muss man Dich
lieben! Hier findest Du schwere Federdecken, Schweine-
fleisch, schlecht gebackenes saures Brot, an Wein nicht zu
denken – kurz, ein schlechtes Leben und keine Kirche,
kein Geläute, nichts, was das Herz erfreut! Denk Dir
nur, nicht einmal ein Postwagen geht von hier ab, und
hätte ich nicht Federn und feines Papier bei mir, ich hätte
nicht einmal den Trost, Dir schreiben zu können! Sobald
es nur angeht, nehme ich dem Wirt seine Pferde und
Wagen, suche noch ein Pferd Vorspann und einen
Postillon zur Sicherheit mitzukriegen, und lasse mich
bis Schleiz bringen; dort setze ich mich auf den Postwagen bis Gera und sehe dann, wie ich weiterkomme.
Diesen Brief schicke ich Dir aber nicht eher ab, bis ich
hinzusetzen kann, dass ich glücklich hindurch bin ...

Sophie Mereau-Brentano, geb. Schubart

geboren 1770 in Altenburg
gestorben 1806 in Heidelberg

»Damals war sie von allem, was Sinn und Geschmack besaß, hoch gefeiert; wo sie erschien, drängte man sich um sie, und fast um sie allein, ein dichter Schwarm von Bewunderern, die nach einem Wort, einem Lächeln von ihr haschten; ringsumher schlossen noch die Gaffer einen undurchdringlichen Kreis.«

So beschreibt ein Zeitgenosse Sophie Mereau. Umschwärmt im Jena der Frühromantik, eine erfolgreiche, von Schiller geförderte Dichterin, die Einzige unter den Frauen der Romantik, die es in jungen Jahren wagte, unter ihrem Namen zu veröffentlichen. »Eine liebliche Erscheinung ... eine reizende kleine Gestalt, zart bis zum Winzigen, voll Grazie und Gefühl«, mit blauen Augen, dunklen Locken und Grübchen in den Wangen.

Sie besitzt Geist und Bildung und eine starke sinnliche Anziehungskraft. Aber sie ist unglücklich verheiratet. Ihr Mann, der Juraprofessor Karl Mereau, ist ein trockener, humorloser Mensch, geradlinig und anständig, aber schrecklich korrekt – ein Pedant.

Als sie ihn kennen lernte, war sie siebzehn und gut ausgebildet. Der Vater, ein herzoglich-sächsischer Steuerbeamter, hatte sie und ihre ein Jahr ältere Schwes-

Sophie Mereau.
Zeichnung eines unbekannten Künstlers, nicht datiert.

ter Henriette Sprachen lernen lassen, für Musik- und
Zeichenunterricht gesorgt. Die Mutter war vor einem
Jahr gestorben.

Es war ihr Stiefbruder Friedrich, der seinen Studienfreund Karl Mereau nach Hause mitbrachte. Mereau,
zweiundzwanzig Jahre alt und Jurastudent in Jena, verliebt sich in Sophie, wirbt um sie, macht ihr schriftlich
den ersten von mehreren Heiratsanträgen, die sie alle
ablehnt. Er kommt persönlich nach Altenburg, wieder-

holt seinen Antrag. Als sie nein sagt, reist er ab, kehrt unterwegs jedoch wieder um, taucht von neuem im Hause Schubart auf, beharrt auf seinem Antrag.

Sophie bleibt bei ihrem Nein.

Mereau gibt nicht auf. Später schreibt er ihr, dass er fähig wäre, sich etwas anzutun, wenn sie ihm verloren ginge. Er nennt sie seine »heilige Sophie«.

Sie ist einundzwanzig Jahre alt, als ihr Vater stirbt. Mereau sendet ihr einen Ring, zum Zeichen der Verlobung. Was mehr zählt als dieser Ring, ist die Tatsache, dass er den zu der Zeit schon berühmten Dichter und Dramatiker Friedrich Schiller kennt. Sophie schreibt Gedichte. Mereau vermittelt zwischen ihr und Schiller, der ihre Begabung erkennt, sie ermutigt und fördert, erste Gedichte von ihr veröffentlicht. Sophie ist Mereau dankbar. Und sie weiß, dass sie es allein, ohne Mann, nicht schaffen kann. Sie will schreiben. Sie muss schreiben. Der sprachliche Ausdruck ist ihr so notwendig wie das Atmen. Später wird sie ihrem zweiten Mann in allem nachgeben, nur in einem nicht: Sie wird es durchsetzen, dass der Vormittag ihr gehört – zum Schreiben. Und sie wird die erste Frau in Deutschland sein, die das Schreiben zum Beruf macht.

Wenn sie den ungeliebten Mereau schließlich doch heiratet, hat das vielleicht auch damit zu tun, dass sie ihn in den Jahren seines Werbens kaum vor Augen hatte. Sie in Altenburg, er in Jena, wo er Magister der Philosophie wurde, Doktor der Rechte und Advokat – zielstrebig darum bemüht, ihr die Türen der literarischen Welt zu öffnen.

Möglich, dass Schiller in ihr eine verwandte Seele erkannte. An Goethe schrieb er, die junge Dichterin habe sich »im Widerspruch mit der Welt« gebildet. Was er mit Sophie Schubart teilte, war der Drang nach Freiheit. Jahre später wird sie dem von ihr bis zur Selbstaufgabe geliebten jungen Brentano schreiben: *Es ist wahr, ein Gefühl ist in mir, ein einziges, welches nicht Dir gehört. Es ist das Gefühl der Freiheit.*

Und doch gibt sie Karl Mereau am 4. April 1793 ihr Jawort. Sie ist dreiundzwanzig Jahre alt. Er hat soeben eine Anstellung als Universitätsbibliothekar in Jena erhalten.

Er lässt ihr die Freiheit, zu schreiben. Sie arbeitet an ihrem ersten Roman, *Das Blütenalter der Empfindung*, der 1794, im Geburtsjahr ihres Sohnes Gustav, erscheint. Und sie genießt das Leben in Jena, macht Besuche und wird besucht, geht ins Theater und reitet aus – das Reiten ist ihr eine Lust, später wird ihr Geliebter, Clemens Brentano, daran Anstoß nehmen, und sie wird es aufgeben. Ihr Mann lässt sie gewähren. Kutschfahrten und Spaziergänge, ein Leben, weitgehend frei von häuslichen Pflichten, den Haushalt besorgen Dienstboten, und als das Kind geboren ist, wird eine Amme bestellt.

Sie hat alles, aber etwas fehlt. Bald nach Gustavs Geburt begegnet sie dem Jurastudenten Johann Heinrich Kipp: *Ich sah ihn zuerst in einem Garten voll froher Men-*

schen und Blumen. Sein helles, feuriges Auge, das alle Freuden zu enthalten schien, seine geistvolle Laune, seine jugendliche Fröhlichkeit, die kräftige Gestalt, sein – doch wozu, denn wie kann ich das alles beschreiben, genug, ich bemerkte ihn vor allen andern und sagte leise zu meiner Schwester: dieser Mensch muss mein Freund werden.

Sie war vierundzwanzig, er einundzwanzig Jahre alt. Sie war glücklich.

Ihr Mann sah es und *entbrannte vor Wut.*

Ein knappes Jahr dauerte ihre Liebe. Dann musste Kipp aus Jena fliehen. Er hatte Spielschulden und konnte nicht zahlen. Kam ein letztes Mal zu Sophie. Sie gab ihm ihr Bild mit. Er saß noch in der Kutsche auf dem Weg nach Lübeck, seiner Heimatstadt, als sie ihm den ersten Brief schrieb: *Nun ist es vorbei! – zwei Wesen sind getrennt, die ohne einander nicht leben können. Die Welt ist tot für mich, Harmonie ist aus allen Wesen gewichen und in der ganzen Natur spricht kein süßer Ton mehr für mich an.*

Ihr Mann wurde außerordentlicher Professor der Rechte. Sie wechselte sehnsüchtige Briefe mit Kipp. Träumte von Flucht aus der Ehe, weit weg gehen, dahin, wo man sie nicht kannte, dort Schauspielerin werden und natürlich – schreiben. Das Kind wollte sie mitnehmen.

Die Fluchtgedanken fließen in ihre Arbeit ein. Sie schreibt eine Erzählung, *Die Flucht nach der Hauptstadt.*

Kipp fehlt ihr so, dass sie sich ihrem Mann offenbart: *Unter einem Strom von Tränen sagte ich M[ereau], dass ich*

Dich liebe, und dass es mich beruhige, wenn er mir verspräche,
nur als Bruder mit mir umzugehen. M. war sanft, versprach,
was ich wünschte, und suchte mich nur zu beruhigen ... O
dass ich Sünderin das Weib eines Mannes ward, für den kein
Ton in meiner Seele anspricht!

Fluchtträume. In der Wirklichkeit ist sie noch nicht bereit, alles zu riskieren. Sie schlägt Kipp ein *heimliches Treffen* in Leipzig vor. Doch aus dem Wiedersehen mit ihrem Geliebten wird nichts. Stattdessen häufen sich die Szenen mit ihrem Mann.

Ein Jahr nach der Trennung werden die zwischen ihr und Kipp gewechselten Briefe seltener. Sophie wendet sich einem andern zu, dem angehenden Arzt und Liederdichter Georg Philipp Schmidt, der wie Kipp aus Lübeck stammt.

Vielleicht war es mehr der Sehnsuchtsort Lübeck als der später durch seine von Schubert vertonten Gedichte berühmte Schmidt selbst, der sie anzog. Als Schmidt, der täglich das Mittagessen bei den Mereaus einnahm, ihr seine Liebe gestand, war sie geschmeichelt, mehr nicht.

Aber es treibt sie, die Fluchtgedanken wenigstens für ein paar Tage umzusetzen. Sie macht eine Reise mit Schmidt, über Leipzig und Dessau nach Berlin. Zu ihrer Zeit eine Ungeheuerlichkeit: verheiratete Frau und Mutter unterwegs mit einem anderen Mann. Ein Ausbruch, der zwei Wochen dauert. Danach hat sie ihn satt, will nichts mehr von ihm wissen. Wieder zu Hause, notiert sie: *Unruhe wegen der Folgen.*

Doch bleibt der Ausflug mit Schmidt folgenlos.

Ihre Tochter Hulda wird erst ein Jahr später geboren. Sophie hat beschlossen, sich mit ihrem Ehemann zu arrangieren, und dies auch ihrem Förderer Schiller mitgeteilt.

Schiller an Goethe im Oktober 1796: »Unsere Dichterin hat vor ein paar Tagen an mich geschrieben und mir ihre Geschichte mit ihrem Mann und Liebhaber gebeichtet. Sie gesteht, das Leben mit jenem sei ihr fast unerträglich geworden und sie habe ihn vor einiger Zeit verlassen wollen. Doch habe sie sich zusammengenommen und sich zur Pflicht gemacht, ferner und verträglich mit ihm zu leben.«

Sophie Mereau ist mittlerweile eine berühmte Schriftstellerin. 1797, im Geburtsjahr ihrer Tochter Hulda, erscheint ihr zweiter Roman, *Amanda und Eduard*, den Schiller in der von ihm herausgegebenen literarischen Zeitschrift *Die Horen* teilweise vorabdruckt.

Hulda ist ein Jahr alt, als Clemens Brentano nach Jena kommt, um Medizin zu studieren, Sophie Mereau bei Caroline und August Wilhelm Schlegel kennen lernt und sich auf den ersten Blick in sie verliebt. Er ist zwanzig Jahre alt, seine Mutter ist vor fünf Jahren gestorben, und nun steht sie plötzlich wieder vor ihm, die »vortreffliche Dichterin Professor Mereau, die ganz, körperlich und geistig, das Bild unserer verstorbenen Mutter ist«.

Sophie Mereau ist achtundzwanzig Jahre alt, nach wie vor unglücklich in ihrer Ehe und häufig missgestimmt. Verehrer sind viele um sie, aber keiner versteht es, sie so aufzuheitern wie der junge Brentano. Er dichtet Lieder aus dem Stegreif für sie und begleitet sich dabei auf der Gitarre, liest ihr vor, erzählt Märchen, ein hübscher, temperamentvoller Junge mit dunklen Augen und schwarzen Locken. Sein Vater war Italiener. Er und seine Schwester Bettine fallen durch ihr fremdländisches Aussehen auf.

Geboren wurde er im Haus der Großmutter, der Schriftstellerin Sophie von La Roche, in Ehrenbreitstein. Er war das neunte Kind seines Vaters, das dritte seiner Mutter, die nach ihm noch neun Kinder gebären sollte. Großgezogen hatten ihn und seine Schwester Sophie Onkel und Tante Möhn, eine bigotte Schwester seiner Mutter. Er war zu einem Kaufmann, einem Geschäftsfreund seines Vaters, in der thüringischen Kleinstadt Langensalza in die Lehre gegeben, aber bald wieder nach Hause zurückgeschickt worden (zu Fuß). Seinem Lehrherrn war zu Ohren gekommen, dass der Junge seine Gattin als »hochbeinige, durchs Stoppelfeld spazierende Krähe« bezeichnet hatte.

Clemens Brentano besitzt, was Sophie an ihrem Mann vermisst: Geist, Phantasie, Humor. Ein verspielter Junge, das genaue Gegenteil ihres Mannes.

Er schickt ihr das Porträt seiner Mutter. Sie lädt ihn ein, in ihrem Hause zu Mittag zu essen. In ihrem Ta-

Clemens Brentano.
Lithographie von Lazarus Gottlieb Sichling nach einem
Ölgemälde von Emilie Linder, beide nicht datiert.

gebuch notiert sie: *Süße bedeutende Worte. Aufwachende Neigung.*

In diesem Winter machen sie viele Schlittenfahrten zusammen. Sophies Verehrer Majer, der lange um sie geworben hat, wird eifersüchtig. Sie bricht mit ihm. Brentano steigt nachts am Weinspalier zu ihrem Zimmer im ersten Stock hinauf. Sie lässt ihn ein. Ihr Kabinett hat grüne Vorhänge, eine grünseidene Bettdecke und ein Sofa, auf dem sie schmusen. Auch ihr Schreibpult ist da. Bücher, Tinte, Gänsekiele.

Mereau macht ihr *eine schreckliche Szene*. Brentano hasst ihn, findet ihn grob und spießig. Es ist erst drei Jahre her, dass er brave Bürger wie Mereau lustvoll mit seiner Kleidung schockierte: ein papageiengrüner Rock, eine scharlachrote Weste und pfirsichfarbene Hosen.

Über Ostern reist er zu seiner Familie nach Frankfurt am Main, bleibt einen Monat fort. Sophie kommt zur Ruhe. Das Beisammensein mit ihm war nicht immer süß. Er ist empfindlich, reizbar und eifersüchtig. Und tut sich keinen Zwang an, lässt sich zuweilen hemmungslos gehen, wird ausfällig und weiß nicht mehr, was er sagt. So gibt es *schreckliche Szenen. Missverständnisse* mit ihm und *heftige Szenen* mit ihrem Mann.

Als er wieder da ist, sind sie einander zunächst fremd, kommen sich aber bald von neuem nah, sehen sich täglich. Im Mai schickt sie ihn in ihre Heimatstadt Altenburg, zu ihrer Schwägerin Henriette, der Frau ihres Stiefbruders Friedrich. Sie denkt mit Zärtlichkeit an ihn, aber atmet auch auf, notiert: *Erster zufriedener Tag*.

Er verliebt sich in Minna Reichenbach, die achtzehnjährige Schwester ihrer Schwägerin. Clemens, der leicht Entflammbare. Doch er kehrt zu ihr zurück. Anfang Juni ist er wieder da. *Ankunft Brentano. Liebe, Rührung, Wehmut ... Schmerzhaft süße Stunden.*

Es gibt heftige Szenen mit ihrem Mann. Es gibt Besuche von Schelling, der in Jena Philosophie-Vorlesungen hält, und Besuche von Caroline Schlegel. Und von Brentano, der wieder jeden Tag kommt. »Zwei Stunden habe ich schon gedacht, ob ich wohl ohne Dich leben könnte, aber Du Arme, es ist wohl nicht möglich.«

Meist notiert sie: *Heiter*. Aber nicht immer. *Brentanos fürchterliche Stimmung. Kränkungen mancherlei Art*. Doch als er im Oktober mit seiner Großmutter Sophie von La Roche und seiner Schwester nach Frankfurt reist, ist der Tag ohne ihn *tot und leer*.

Zurück in Jena, führt ihn sein erster Weg zu ihr. Sie fühlt sich *verwirrt*. Sie lebt wieder. Ihr Mann bemerkt es und macht ihr eine *hässliche Szene*.

Ende des Jahres 1800 wird Sophies mittlerweile sechsjähriger Sohn Gustav krank und stirbt innerhalb von wenigen Tagen. Clemens schreibt an seine Schwester Sophie: »Der Vater ist des Knaben Mörder, er hat ihn misshandelt, vor der Krankheit. S[ophies] Hass gegen ihn ist leider jetzt ohne Grenzen ... sie ist jetzt sehr seelenkrank.«

Sophie selbst notiert am Tag nach Gustavs Tod: *Gleichgültigkeit gegen alles Äußere und voller tobender Kampf im Innern*.

Clemens ist unfähig, ihr beizustehen. Einfühlung besitzt er nicht. Er kränkt und beleidigt sie. Und sie empfindet zuweilen ein *grauenvolles Zurückbeben* vor ihm. *Dir*

fehlt etwas, was Dich von allen bürgerlichen Verhältnissen aus-
schließt. Du hast keinen Sinn für Schonung *und für*
Schicklichkeit. *Du kannst Dinge aussprechen, die das in-*
nerste Wesen des andern zerreißen; wie von einer fremden,
bösen Macht gezwungen, sagt Deine Zunge oft Worte, von
denen Dein Herz, Dein Verstand nichts wissen können, die
auch das nicht verschonen, was Du selbst für das Heiligste er-
kennst. Ja, ich bebe, wenn ich denke, wie dieser Fehler, der ein-
zige, den ich in Dir kenne, Dich noch in tausend Gefahren
stürzen, Deine Ehre, Dein Leben selbst aufs Spiel setzen
kann. Ich selbst weiß, wie Deine Worte empören können; was
müssen andre fühlen, die Dich nicht lieben, die heftiger sind
als ich: sie müssen Dich entweder verachten oder verfolgen, und
die Mildesten hüten sich vor Dir.

Sie wendet sich von ihm ab und Friedrich Schlegel
zu, den sie bereits seit vier Jahren kennt. Damals, im
Jahre 1796, lebte er eine Zeit lang bei seinem Bruder
August Wilhelm und dessen Frau Caroline. Und jetzt,
im Mai des Jahres 1800, wohnt er zusammen mit seiner
Geliebten Dorothea Veit bei Bruder und Schwägerin.
Was ihn nicht davon abhält, um Sophie zu werben.
Clemens, der den sechs Jahre Älteren bewundert, wird
von Eifersucht gepackt und macht Sophie Vorwürfe.
Wieder gibt es *schreckliche Szenen.* An seine Schwester
schreibt er: »In Jena kann ich nicht bleiben, Schlegel ist
zu sehr Herr über mich durch seinen Anteil an meiner
Geschichte.«

Im Juli reist er nach Altenburg und macht Minna

Reichenbach einen Heiratsantrag, den diese jedoch ablehnt.

Im August schreibt Sophie in ihr Tagebuch: *Festeres Verhältnis mit S.* [Friedrich Schlegel]. *Süße Lust. Gänzlich aufgehobener Umgang mit Brentano.*

Im September erhält sie einen herablassenden Brief von Schlegel, in dem er sie »mein süßes Kind« nennt und drängt, ihren Mann zu verlassen. »Denn endlich musst Du doch wegfliegen, wofür hättest Du sonst die zierlichen Flügel? ... Du meinst, ich wäre ein stiller tiefer See, worin Du Dein huldreiches Bildchen gern ansiehst. Darauf könnte ich nun wieder sagen: Nimm Dich in Acht, Kind, dass Du Dich nicht zu weit vorbeugst, sonst kannst Du hineinfallen. Aber auch in diesem Falle verlasse ich mich ganz auf Deine Leichtigkeit, Du kannst gewiss auch schwimmen, da Du so gut flattern und fliegen kannst.«

Daraufhin notiert sie: *Erbittert, gedemütigt − aber erwacht.*

Im Jahre 1801 zieht Sophie mit ihrer Tochter Hulda zu Verwandten nach Camburg. In diesem Jahr erscheint auch Clemens Brentanos Roman *Godwi oder das steinerne Bild der Mutter*, über den es in Kindlers Literaturlexikon heißt, der Autor bediene sich einer erzählerischen Technik, die dem von Friedrich Schlegel geforderten Prinzip der »autonomen Subjektivität, der schweifenden Willkür und der Ironie« entspreche.

Friedrich Schlegel selbst schrieb damals in ein Exemplar des *Godwi*: »Hundert Prügel vorn Arsch, die wären dir redlich zu gönnen, Friedrich Schlegel bezeugt's, andre Vortreffliche auch.«

Schlegel besuchte Sophie in ihrem Exil, wo sie auf die Scheidung von Mereau wartete, die im Juli 1801 ausgesprochen wurde. Sie bedurfte der Zustimmung des Herzogs Karl-August von Sachsen-Weimar.

Es war die erste Scheidung in Weimar. An Unterhalt für sich und ihre Tochter bekam Sophie Mereau jährlich 200 Reichstaler. Nicht genug zum Leben. Sie musste dazuverdienen, mit Schreiben und Übersetzungen.

Glücklich ist sie nicht, als geschiedene Frau in dem Dorf Camburg: *Meine Gegenwart ist eine dumpfe Stille.* Doch will sie Brentano, dessen Briefe sie verbrannt hat, auf keinen Fall wiedersehen: *Ich werde Sie nicht sehn – denn was soll es Ihnen in dieser Stimmung und mich zerstört es; aber ich werde Sie sehn und sprechen, wenn Sie ruhiger sind, wenn ich, sicher vor Beleidigungen, frei über mein Verhältnis gegen Sie reden kann und will.*

Brentano zieht ruhelos umher, schreibt an Savigny: »Seit die Mereau von mir gefallen, fürchte ich immer, dass die Welt von mir fällt.« Und an seine Schwester Gunda: »Ich liebe dies Weib noch immer wie vorher.«

Im Herbst des Jahres 1802 zieht Sophie nach Weimar. Brentano, zu der Zeit in Düsseldorf, wendet sich an seinen achtzehnjährigen Bruder Christian und bittet ihn, zwischen ihm und der Mereau zu vermitteln.

Christian Brentano, am 10. Dezember 1802: »Madame!

ein Auftrag von meinem Bruder Clemens macht mich so frei, Ihnen zu schreiben.«

Als hätte sie nur darauf gewartet, schreibt sie sofort direkt an Clemens, der sie mit seitenlangen Liebeserklärungen überschüttet, auf Teufel komm raus wirbt – und, mitten im schönsten Werben, plötzlich unverschämt wird: »Werden Sie denn noch immer nicht alt?«

Sie antwortet selbstbewusst: *Ihr Brief, junger Mann, hat mir Veranlassung zu mannigfaltigen Reflexionen gegeben ... Es war auch hohe Zeit, wie Sie, lieber junger Freund, auch zu fühlen scheinen, da Sie mich an mein Alter erinnern.*

Noch ist sie frei von ihm und kann ihn ironisch in seine Schranken verweisen, als er ihr vorhält, es sei für ein Weib sehr gefährlich, zu dichten. *Was Sie mir über die weiblichen Schriftsteller, und insbesondere, über meine geringen Versuche, sagen, hat mich recht ergriffen, ja erbaut. Gewiss ziemt es sich eigentlich gar nicht für unser Geschlecht und nur die außerordentliche Großmut der Männer hat diesem Unfug so lange gelassen zusehen können. Ich würde recht zittern wegen einiger Arbeiten, die leider! schon unter der Presse sind, wenn ich nicht in dem Gedanken an ihre Unbedeutsamkeit und Unschädlichkeit einigen Trost fände. Aber für die Zukunft werde ich wenigstens mit Versemachen meine Zeit nicht mehr verschwenden, und wenn ich mich ja genötigt sehen sollte, zu schreiben, so gute moralische, oder Kochbücher zu verfertigen suchen ... mit ausgezeichneter Hochachtung Ihre Dienerin Sophie Friederike Mereau geb. Schubart.*

Er merkt, dass er zu weit gegangen ist. »Sie haben

meinen Brief nicht verstanden, Sie wollten sich nur an mir rächen, indem Sie ruhig und freundlich mich mit scherzhaften Reden strafen, weil ich Sie beleidigt habe – und ich nehme Ihre Rüge mit Demut an, ist mir doch selbst das Gefühl eine Wollust, dass ich Sie noch beleidigen kann, wenn ich Sie noch beleidigen konnte, so kann ich noch büßen, so können Sie noch strafen, ach! Und Sie können ja nur verzeihen, Sie können ja nicht strafen, Sophie!«

Drei Monate später gibt sie seinem Drängen nach. *Ich will Sie sehn – Sie werden mir eine neue Bekanntschaft sein. Wie kann ich wissen, was ich für Sie fühle, da ich Sie nicht mehr kenne?*

Er hat erreicht, was er wollte, und schon stellt er Forderungen:

»Eins nur begehre ich, sein Sie nicht geputzt, wenn wir uns wieder sehen, Sie waren es, da wir uns trennten.«

Am 14. Mai 1803, nach fast dreijähriger Trennung, ist es so weit. An diesem Tag notiert Sophie: *Frühling des Gemüts. Großer Wechsel. Blumen, Liebe, Andacht, Leben.*

Zwei Wochen vergehen. Sophie fühlt sich mehr und mehr zu Clemens hingezogen, wahrt aber (noch) körperlichen Abstand.

»Ich bin heute so reich an Friede und Liebe zu Ihnen gekommen, und so bettelarm haben Sie mich gehen lassen, nicht einmal Ihre Lippen haben Sie mir gegeben, Sie hätten mich nicht so sollen gehen lassen, denn gestehen Sie aufrichtig, woran soll ich glauben lernen, dass Sie noch lieben können, als daran, dass Sie küssen können. Sie haben keine Schonung für mich, ich habe Ihnen oft erklärt, wie fürchterlich die leere ewig ungelöste Spannung, in die Sie mich setzen, meine Gesundheit untergräbt, ich fühle die Folgen meines Umgangs mit Ihnen zerrüttender für meine *männliche* Seele und meinen *männlichen* Leib, als hätte ich mit sechs unersättlichen Weibern im engsten Sinne des Worts in der Tat gelebt.«

Am gleichen Tag unterrichtet er seinen Freund Savigny in Marburg über den Stand der Dinge: »Bis Montag bin ich wieder in Weimar, wo ich bei dem indischen Majer Wohnung und Tisch und mit der Mereau das Bett – noch nicht, aber doch täglich Herz und Sofa teile. Unser erstes Zusammentreffen war für mich durchaus empörend und für sie drückend. Es hat sich alles gefügt. Sie scheint mich zu lieben, und ich bin ihr gut und gebe mich ihr gern. Sie sieht dem Weib, das ich liebte, doch ähnlicher als andere.«

Zwei Monate nach dem Wiedersehen *verlangt* er, dass sie seine Frau wird. Sie aber will nicht wieder heiraten. Sie schreibt und übersetzt (aus vier Sprachen). Ernähren kann sie sich selbst. Doch sie will mit ihm zusammen sein und ist bereit, Weimar zu verlassen und nach Marburg zu ziehen, wo er mit Savigny eine Wohnung teilt. Und schließlich lässt sie es zu, dass er sie nach Hause bringt und bis zum Morgen bei ihr bleibt. Drei

Monate nach dem Wiedersehen, an einem Abend, an dem er ihr eine Szene gemacht hat, weil sie ausreiten wollte. Das Reiten empfindet er als unweiblich. Sie gibt es auf. In dieser Nacht schwört sie ihm, sich ganz nach ihm zu richten. Er schwört ihr, dass er ihr für immer gehört.

Doch muss er schon im September, einen Monat nach der ersten Liebesnacht, von Marburg aus stöhnen: »O Sophie, warum glaubst Du nicht an mich, warum hast Du einen eignen Willen?«

Noch im August fährt Sophie mit ihrer Freundin Charlotte von Ahlefeld für ein paar Tage nach Dresden.

Clemens ist verstimmt. Sie fährt trotzdem, aber nimmt den Gedanken an ihn mit: *Ich schreibe Dir schon, mein Lieber, und ich habe Dir eigentlich den ganzen Weg über geschrieben, denn ich dachte immer an Dich.*

Charlotte von Ahlefeld, als Siebzehnjährige mit einem Mann verheiratet, von dem sie zwei Kinder hat und den sie hasst, liebt den Bildhauer Friedrich Tieck, der gerade an einer Büste von Brentano arbeitet. In Dresden treffen die beiden Frauen zufällig seinen Bruder, den Dichter Ludwig Tieck, auf der Straße.

Charlotte von Ahlefeld an Friedrich Tieck: »Er war unendlich freundlich und zärtlich gegen die Mereau, viel anders als im Beisein seiner Frau, vor deren Eifersucht er sich doch eigentlich zu fürchten scheint. Die Mereau, die mir noch im Augenblick vorher von ihrer ungeheuren Liebe zu B[rentano] vorgeredet hatte, wie sie alles jetzt freiwillig unterließe, was ihm an ihr missfiele, und wie ihr außer ihm alles fad vorkäme, dieselbe M. konnte jetzt recht artig kokettieren und hätte gegen B. selbst nicht lockender und zärtlicher sein können.« Clemens reist nach Marburg, um dort auf Sophie zu warten: »Ich bin so brennend verlangend nach Dir, dass die ganze Welt um mich vor Begierde zittert wie die Gegenstände in der Nähe des Feuers.« Briefe an sie unterschreibt er: »Dein glücklicher, durch Dich sehr glücklicher Junge.«

Anfang September ist sie wieder in Weimar und schreibt ihm, dass sie Ende November nach Marburg kommt.

Er mietet eine Wohnung für sie, kümmert sich um die Möblierung und bedrängt sie, ihn zu heiraten. Sie lehnt ab. Er häuft Gründe auf Gründe – ihr Ruf, seine Familie, ihre Tochter Hulda. Sie lehnt ab. *Vom Heiraten sprich mir nicht.*

Er ist gekränkt, schreibt seiner Schwester Bettine, er habe die Mereau geliebt, liebe sie nicht mehr, an Heirat sei nicht zu denken, aber sie wolle seine Freundin sein und werde ihm durch die ganze Welt nachlaufen.

Bettine zeigt den Brief ihrer Großmutter La Roche. Die schreibt jemandem in Weimar davon. Der liest es laut bei der Herzogin vor. So kommt es Sophie zu Ohren. Sie ist tief verletzt. *Clemens, war es Dein Plan, mich zu vernichten, so hast Du ihn vollständig erreicht!*

Der Brief, den sie ihm schreibt, ist ein Aufschrei, der

plötzlich abbricht. Als hätte sie sich mitten im freien Fall gefangen: *Fest drücke ich beide Augen zu, halte die Hände vor beide Ohren, und so springe ich in den Abgrund – in Deine Arme!*

Zu diesem Zeitpunkt muss sie schon befürchten, dass ihre Gesundheit *nicht in ihrem natürlichen Zustand ist.* Später wird Charlotte von Ahlefeld ausrechnen, dass Sophie schon auf der gemeinsamen Reise nach Dresden schwanger war. Ruhelos wie immer reist Clemens zu seiner Familie nach Frankfurt. Bettine, die erst Vorbehalte gegen Sophie hatte, räumt ihre Kommode auf und sucht nach einem Geschenk für Sophie. Sie nimmt ihr bestes Halstuch und gibt es Clemens – für seine Geliebte.

Er ist noch nicht wieder in Marburg, als ihm einfällt, dass der Weg dort von seiner Wohnung zu ihrer weit und beschwerlich ist. Er will bei ihr einziehen. »Es wird mich schmerzen, wenn Du es mir versagen wolltest.«

Ende Oktober lässt sie ihn schließlich wissen, was sie schon lange weiß: *Clemens, ich werde Dein Weib, und zwar so bald als möglich. Die Natur gebietet es.*

Er antwortet postwendend. Und beeilt sich, das Aufgebot zu bestellen. »Heute Morgen ist Dein und mein Name von der Kanzel hier ausgerufen worden, ich habe hinter dem Chor gestanden und in einer Art gerührter Dummheit einem Marmornen General Hände und Füße geküsst und auf das Grab mehrerer Leute Tränen geweint, welche nicht wissen, wie sie dazu kommen; der

Pfarrer sprach die Namen recht artlich; und ich hatte große Lust, laut zu rufen, ganz gut, ja so heiße ich, so heißt sie, die liebe Seele.«

Am 29. November 1803 werden Clemens und Sophie von einem Vetter Georg Friedrich Creuzers in Marburg getraut. Mereau verlangt die gemeinsame Tochter Hulda zurück. Hulda ist mittlerweile sechs Jahre alt.

Als Clemens in Weimar nicht nur wieder in das Leben ihrer Mutter trat, sondern auch in das ihre, weigerte sie sich, die Puppe anzunehmen, die er ihr mitgebracht hatte. Clemens empfahl für Hulda das Nonnenkloster,

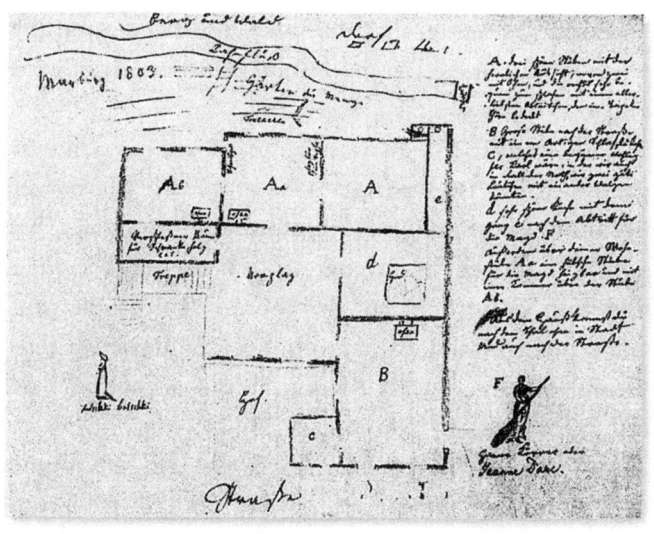

Brentanos Skizze der ersten gemeinsamen Wohnung in Marburg, 1803. Er fügt sie seinem Brief an Sophie Mereau bei, den er unmittelbar nach der Besichtigung an sie schreibt.

in dem Bettine nach dem Tod ihrer Mutter erzogen worden war. Es sei »billig, einfach und natürlich« und Bettine habe sich stets mit Freuden daran erinnert.

Sophie wollte sich nicht von Hulda trennen und nahm das Kind mit nach Marburg. Sie weiß, dass Mereau nach geltendem Recht auf seiner Forderung bestehen kann, doch es gelingt ihr mit viel diplomatischem Geschick, ihn davon abzubringen. Hulda darf bei ihr bleiben.

Am 11. Mai 1804 bringt Sophie einen Jungen zur Welt, den Clemens nach seinem Freund Achim von Arnim benennt: Achim Ariel. Es war eine schwere Geburt. Vierzehn Tage später macht Sophie eine Wanderung mit Clemens durch die Berge. Der kleine Achim Ariel wird nur fünf Wochen alt.

Nach dem Tod des Kindes, auf das Clemens sich sehr gefreut hatte, ist die Atmosphäre in der Marburger Wohnung vergiftet. Das Ehepaar streitet. Brentano beschwert sich bei Arnim über seine Frau, nennt sie kalt und hart. Es ist nicht nur der Tod des Kindes, der ihm zu schaffen macht. Er hat von Sophies Beziehung zu Georg Philipp Schmidt erfahren und quält sich und sie mit nachträglicher Eifersucht.

In Marburg will er nicht mehr leben, will mit Sophie und Hulda nach Heidelberg ziehen und fährt hin, um eine Wohnung zu suchen.

In Heidelberg wohnt er bei seinem Freund Creuzer und schreibt an Sophie: »Die Günderode ist seit gestern hier, sie grüßt Dich.« Nicht ahnend, dass die Günderode und Creuzer sich in diesen Tagen heftig ineinander verlieben.

Im September findet der Umzug nach Heidelberg statt. Im Oktober macht Clemens sich auf den Weg nach Berlin zu seinem Freund Achim von Arnim. Sophie ist wieder schwanger.

Clemens ist noch nicht einmal zwei Wochen fort, als er sich schon wieder heftig nach Sophie sehnt. »Ach, in diesem Augenblick möchte ich schon umkehren, aber ich würde mich vor Arnim schämen.«

Sophie nutzt die Zeit ohne ihn, um zu arbeiten. Schreibt eine Erzählung, liest sie Creuzer vor, der seiner heimlichen Liebsten, Karoline von Günderode, in Frankfurt, davon berichtet. Sophie wiederum erzählt dem Reisenden Clemens, das Ehepaar Creuzer gefalle ihr nicht mehr zusammen: *Sie geben nur das ewig wiederholte Schauspiel einer verunglückten Ehe.*

In Berlin vergeht Clemens vor Sehnsucht nach Sophie: »Hier kann ich nichts beginnen, denn ich bin von Sinnen ohne Dich.«

Nachdem er seinen Aufenthalt bei Arnim abgekürzt hat und zu Sophie zurückgekehrt ist, berichtet Creuzer nach Frankfurt: »Bei der Freudlosigkeit ihres Lebens, das Clemens so oft trübt – oft mit recht raffinierten Künsten –, muss man sie wirklich deswegen bedauern, wiewohl ihr Stolz nie ein Geständnis der Art erlaubt. Es ist ordentlich zum Lachen, wie derselbe Clemens manchmal dann wieder seine Frau hochpreist, ja vergöttert. Nebenbei wann sie nicht dabei und dessen nicht froh werden kann.«

Im April des Jahres 1805 reist Clemens zu den Geschwistern nach Frankfurt, während Sophie, hochschwanger, einen Umzug innerhalb Heidelbergs organisiert. Klaglos. *Guten Morgen, Lieber! Ich wünsche Dir alle Freude, die ich entbehre, und das ist viel, denn Du bist es ja selbst. Ich weiß nicht, ist es der Frühling oder die Liebe selbst, oder die Entfernung, dass ich recht oft mit süßer Lust und Wärme an Dich denke.*

Einen Monat später wird das Kind geboren. Es ist ein Mädchen und soll, wieder nach Achim von Arnim, Joachime heißen. Unter den Taufpaten ist Clemens' Schwester Bettine, Arnims spätere Frau.

Auch dieses Kind wird nur wenige Wochen alt. Brentano an Carl Friedrich von Savigny, der mittlerweile mit seiner Schwester Gunda verheiratet ist: »Es war gesund, sehr gesund, aber es ist nun tot, es ist uns an einer Kinderseuche, am Scharlach in Zeit von einem Tag und Nacht hingestorben. Morgens hatte es ein rotes Fleckchen, mittags eine rote Wange, keinem Arzt schien es gefährlich, abends tranks noch, am Morgen wars ganz tot. Wir sind sehr unglücklich mit unsern Kindern, meine arme Frau hat unendlich gelitten, zwei so hintereinander kommen, weinen und gehen zu sehen, das ist ein traurig Nachsehen, ein trauriges Dableiben.«

Sophie betäubt sich mit Arbeit, schreibt, übersetzt Boccaccio und hat zum ersten Mal den jungen Mann zu Gast, nach dem ihre beiden toten Kinder benannt wurden. Arnim ist nach Heidelberg gekommen, um mit Brentano die gemeinsame Liedersammlung *Des Knaben Wunderhorn* druckfertig zu machen. Danach begleitet er Clemens nach Frankfurt zu dessen Familie.

Sophie, die wieder schwanger ist, bleibt verstört und schuldbewusst zurück. Clemens hat Johann Heinrich Kipps Briefe »gefunden« und schreibt ihr aus Wiesbaden, wohin er sich von Frankfurt aus begeben hat, um sein Rheuma zu kurieren: »Ich habe Dich doch eigentlich unendlich geliebt von jeher, und liebe Dich noch, aber eins zerreißt mir das Herz, dass Du mich so lange mit Deinem Verhältnis zu Kipp betrogen hast, liebe Sophie, das hatte ich nicht verdient, das war schrecklich treulos, falsch, ja alles Vertrauen, alle Ehre, alles Glück in Ewigkeit störend, dies treulose Schweigen ... kannst Du nie vor Dir selbst rechtfertigen, weniger als die Tat, Sophie, Sophie, jenes Stillschweigen hat mich verzweifeln gelehrt an meinem Weib, und wahrlich ich könnte mich dem Teufel ergeben, wenn Du nichts taugtest.«

Zerknirscht erwidert Sophie: *Wenn Du wüsstest, wie ich mir oft die schwärzesten Vorwürfe über dies Verschweigen mache, wie ich oft bis zum Wahnsinn nachsinne, wie diese Schuld zu büßen sei, wie ich mit ausschweifender Phantasie dann auch jede Deiner trüben Launen auf meine Rechnung schreibe.* Der Brief endet mit den Worten: *Es ist mir in diesem Augenblick, als wär ich ganz, ganz allein in der Welt.*

Drei Tage, nachdem sie dies geschrieben hat, ruft er sie nach Wiesbaden. Sie soll kommen, sofort. »Ich erwarte es von Deiner Liebe zu mir, die ich gern Deine Pflicht nenne.« Hulda soll sie irgendwo unterbringen. »Wenn Du nicht so schnell als möglich kommst, triffst Du mich hier nicht mehr.«

Sophie gibt Hulda zu einer Freundin, packt, verlässt Heidelberg um vier Uhr morgens, fährt mit der Kutsche nach Gerau, dann mit der Extrapost weiter nach Wiesbaden und kommt abends um neun bei Clemens und Achim in der Rose an.

Es ist der 10. September 1805.

Am nächsten Tag fahren sie zu dritt den Rhein hinunter. Blick auf herbstliche Weinberge, Dörfer am Ufer und Burgen hoch über dem Fluss, alte Raubritterburgen in verschiedenen Stadien des Verfalls.

Wieder zu Hause, notiert Sophie: *Vom zehnten bis 25sten dauerte meine Reise. Ich kam durch die letzten Eindrücke erfrischt, erholt wieder. Es war mir, als könnte ich wieder leben, atmete wieder frei. Ich freute mich sehr eines guten Kindes* [ihrer Tochter Hulda], *das aus Sehnsucht fast krank geworden war.*

Ende des Jahres hat sie eine Fehlgeburt, als sie einen Spiegel aufhängen will.

Im Frühling des darauf folgenden Jahres ist sie wieder schwanger. Die Brentanos ziehen ein zweites Mal um.

Im Juni fährt Clemens zu seiner Familie nach Frankfurt und bekommt den Bruch zwischen seiner Schwester Bettine und der Günderode mit: »Die Günderode hat kurz und überraschend ohne allen Verstand Bettinen die Freundschaft aufgesagt.«

Nach dem Selbstmord der Günderode schreibt er an Achim von Arnim: »Weißt Du, dass die Günderode sich zu Winkel auf einem Gut der Servière abends am Rhein erstochen hat? Es ist Creuzers wegen. Dieser wollte sich scheiden lassen und sie heiraten ... ward hier todkrank, und im Augenblick, da er sterben will, lässt er ihr feierlich ankündigen, er werde, wenn er auch genese, sie nicht mehr sehen, er habe in diesen letzten Stunden seine Pflicht erkannt und wolle seine Gattin behalten.«

Ende September ist Clemens wieder bei der Familie in Frankfurt und lässt Sophie wohlgelaunt wissen, dass Karoline Engelhard, die Tochter einer befreundeten Dichterin, »diese neugierige Klatsche von uns erzählt, ich sei bei weitem nicht so kalt, als ich scheine, und Du auch nicht, denn sie habe neben uns geschlafen, und Du hättest Deine eheliche Zärtlichkeit so öffentlich und kräftig mit mir gewechselt, dass das ganze Haus darüber gepispert und gezittert hätte.«

Er kann nicht wissen, dass dies sein letzter Brief an Sophie ist und sie nur noch einen gemeinsamen Monat vor sich haben.

Sie stirbt am 31. Oktober 1806, sechsunddreißig Jahre alt, verblutet bei der Geburt eines Mädchens.

»Mein Weib ist tot, sie liegt mit dem neugebornen Kinde unter der Erde. Ich kenne mich nicht mehr in der Welt, wenn ich laut jammre, so höre ich, dass ich lebe, und erschrecke vor mir ... Fröhlich, glücklich und gesund war mein Weib, wir gingen aufs Schloss, abends um 5 Uhr, wo der elende Gatterer die schönen Bäume fällen ließ, die Sophie aus unserm Fenster so gern ansah; sie bat um unsere geliebteste Linde, die Stricke zogen, der Baum fiel, mit Tränen des Unmuts gingen wir herab. Die Sonne ging herrlich unter, Sophie sah froh hinein, sie war lebendig himmlisch wie ein ewiges Kind, sie sagte, ich sehe so in die Sonne, ich will ein recht herrlich Kind gebären. Sie ging froh nach Haus. Die alte Lassaulx, Görres und Kadi waren bei uns, sie waren den Tag vorher zu Schiff angekommen. Kadi und ich und Sophie und Mutter Lassaulx rüsteten freudig die Wiege. Mein Weib ordnete freudig unter Wehen alles noch selbst, wir staunten sie an. Mein Weib wollte noch keinen Accoucheur [Geburtshelfer], das Kind hatte eine böse Lage, nach einer Stunde verlangte sie den Accoucheur, ich brachte ihn, keine Gefahr.

Um ein Uhr in der Nacht das Kind tot, wodurch weiß Gott.

Mein Weib fragt matt nach dem Kind, wehe, wehe, ach, und stirbt wie der Held in der [Schlacht] an der Verblutung. Man ließ mich nicht zu ihr, ich war von Sinnen, habe nicht geredet mit ihr, sie nicht gesehen. Der Morgen kam, Görres hielt mich in den Armen, man brachte mich aus dem Haus, aus der Stadt. Ich bin in Frankfurt, die Rudolphi hat die Hulda zu sich genommen, meine gute treffliche Magd hütet mein Haus. Aus dem Leben bin ich gerissen, alles Begonnene ist zerbrochen, was mir bevorsteht, kann ich nicht lieben, was mir geschehen, ist lauter Jammer. Alles, Alles ist hin, ich bin versteint ... Ich kann nur an dies Weib denken wie an einen Gott, ich habe in dem letzten Jahr Dinge in ihr begriffen und geliebt, die mich zur tiefsten demütigsten Liebe zwangen. Ach Savigny, ich habe alles verloren, alle Geschichte meines Lebens, alles, was mich liebte, trieb und erhielt, ich habe keinen Wunsch, als zu sterben.«

Clemens Brentano lebte noch sechsunddreißig Jahre.

An Clemens Brentano, 22. August 1805, auf der Reise von Weimar nach Dresden.

Ich schreibe Dir schon, mein Lieber, und ich habe Dir eigentlich den ganzen Weg über geschrieben, denn ich dachte immer an Dich, die einzigen Augenblicke ausgenommen, wo ich recht inbrünstig betete, und zwar nicht für Dich, sondern für mein Kind. Ich habe ernste Gelübde für sie getan, und ich schwöre Dir, ehe ich nicht mit meiner Liebe zu ihr alle die eisernen Banden schmelze, alle die Giftpflanzen ausrotte, die schlechte Gesellschaft in ihr kindlich Herz gepflanzt, und sollte ich sie mit meinen Lippen aussaugen, eher will ich Dich nicht wiedersehen.

Meine Reisegesellschaft ist besser, als ich dachte, und meine gute Natur hat alles schnell besiegt. Ich fühle, dass es der A[hlefeld] recht ernst gewesen ist, mich zur Reise zu bereden, denn wir fühlen uns recht kindisch wohl beisammen. Wir waren auch wegen des Sitzens gar nicht geniert, denn ich und die A. stiegen ganz wohlgemut auf den unbedeckten Sitz unter den lieben feinen Abendhimmel und ließen die Dame mit ihrer üblen Laune von dem ledernen Kutschhimmel bedecken. Ich glaubte, Dich noch irgendwo sehen zu müssen, aber vergebens, und das war auch gut, denn ich hätte wohl mit keinem schönren Eindruck scheiden können.

O! wie hast Du so viel Liebe und Seligkeit in diese letzten Minuten gehäuft! ich habe jetzt alles andre vergessen, alle die Schmerzen und Wunden; aus Deinen Augen hat sich eine Brücke über den tiefen Abgrund geschlagen, den ich zwischen uns fühlte, und ich gehe nun sicher zu Dir hinüber! – ich kann Dir nicht sagen, wie ich für Dich fühle, aber ich glaube, Du hast es begriffen, weil mein Herz so selig ruhig ist.

Ich schreibe wohl sehr verwirrt, denn um mich her sind eine Menge Erkennungsscenen vorgefallen – das erste Abenteuer – woher nur eigentlich dies Wort kommen mag? –

Wir werden recht vergnügt sein, denn die A. und ich sind die gesundesten, listigsten, bequemsten Seelchen von

der Welt. Und so will ich die Grillen, die alten, ver-
treiben. Du sollst mir, gaukelnde Jugend, noch bleiben!

Die Nacht ist hoch und sternvoll, ich mache oft die
Augen zu und sehe Dich dann ganz lebendig neben mir
sitzen. Du Sonne und Mond, Sommernacht, und weil
ich der Traum Deiner Augen bin, bin ich ein Sommernachtstraum. –

Gute Nacht, Lieber, – ich kann doch auf der Welt
nichts als beten und leben, und so bin ich ewig eine arme
Frau, aber ein überschwänglich reiches Kind.

An Clemens Brentano, Weimar 15. September 1805

Ich bin heute ernster als gewöhnlich und deswegen
schreibe ich Dir. Lieber Clemens, lass mich mein Leben
in Marburg so still und einfach anfangen als möglich. Die
Sorge für Dich wird nur Sorge für mein Vergnügen sein,
und wie gern will ich sie übernehmen! aber gönne mir
Zeit, mich in der neuen Lage erst selbst zurechtzu-
finden. – Bei allem, was Du von mir begehrst, nimm
Deine Gründe stets nur von Dir selbst her, mischest Du
andre mit hinein, so empörst Du mein Gefühl unaus-
bleiblich. – Es gibt Augenblicke, wo ich für Dich, für
Dein Glück mit Freuden sterben könnte; ich opferte
Dir mein Leben, ein reines Opfer, denn es geschah aus
Liebe – willst Du aber meine Gabe für den Dienst
fremder Götter gebrauchen, so entweihst Du das Opfer,

die Flamme der Andacht verlischt, und ich bin um meine
Seligkeit betrogen.

Die Zucht Deiner Geschwister, der Ruf Deiner
Schwester! – *erst erfordert ihre Ruhe, dass ich nicht*
heirate – jetzt will ihr Ruf *das Gegenteil! – Clemens,*
erinnere Dich, dass ich für *Dich lebe, für niemand anders*
als für Dich! Deine Familie würde nichts *dagegenhaben!*
– mein Blut kocht, wenn ich mir das sage. Diese Men-
schen, die mir nichts sind, die mir ewig fremd sind – o,
Clemens bist Du wirklich mündig? – ich schweige, dies
ist die Klippe, wo meine Sanftmut scheitert.

Was Du mir von Deinen jetzigen Gefühlen für
Savigny schreibst, betrübt mich. Ach! haben nur die
Abwesenden das Recht, Dir zu gefallen, von Dir ver-
göttert zu werden? – Wundre Dich nicht, dass er Dir
nicht ganz vertraut, kein vernünftiger, selbst kein mutiger
Mann kann Dir je vertrauen, denn Dir fehlt etwas, was
Dich von allen bürgerlichen Verhältnissen ausschließt. Du
hast keinen Sinn für Schonung *und für* Schicklichkeit. *Du kannst Dinge aussprechen, die das innerste*
Wesen des andern zerreißen; wie von einer fremden,
bösen Macht gezwungen, sagt Deine Zunge oft Worte,
von denen Dein Herz, Dein Verstand nichts wissen
können, *die auch das nicht verschonen, was Du selbst*
für das Heiligste erkennst. Ja, ich bebe, wenn ich denke,
wie dieser Fehler, der einzige, den ich in Dir erkenne,
Dich noch in tausend Gefahren stürzen, Deine Ehre,
Dein Leben selbst aufs Spiel setzen kann. Ich selbst

*weiß, wie Deine Worte empören können; was müssen
andre fühlen, die Dich nicht lieben, die heftiger sind als
ich: Sie müssen Dich entweder verachten oder verfolgen
und die Mildesten hüten sich vor Dir. Denn wer kann es
ertragen, wenn er die Schätze seiner Gedanken in ein
geliebtes würdiges Heiligtum niedergelegt hat und er
sieht, wie der Eigentümer desselben sie herausreißt, um
sie dem ersten Bettler auf der Straße zuzuwerfen, oder
einer Dirne, die ihn mit hübschen Augen ansieht? –
Zürne mir nicht, o! zürne nicht, dass ich so predige! ver-
kenne die treue Liebe nicht! Du hast auf Erden keinen
treuern Freund als mich. Ich vertraue Dir unbeschränkt;
nicht aus vernünftigen Gründen, sondern aus einem
kühnen Glauben an Dich! – Ich schöre Dir, ich schließe
Augen, Ohren und Verstand vor allem zu, wodurch ich
misstrauisch gegen Dich werden könnte, ich glaube an
Dich, Clemens! unerschütterlich glaube ich an Dich! vertraue mir als Deinem besten Freund!*

An Clemens Brentano, Weimar, etwa 28. Oktober 1803

*Clemens, ich – werde Dein Weib – und zwar so bald als
möglich. Die Natur gebietet es, und so unwahrscheinlich
es mir bis jetzt noch immer war, darf ich doch nun nicht
mehr daran zweifeln. Meine Gesundheit, Deine Jugend,
meine jetzige Kränklichkeit – ist Dir, Unbefangnen,
denn nie etwas dabei eingefallen? – Ich weiß nicht, wa-*

rum es mir kostet, Dir zu sagen, und doch kann ich nicht länger schweigen. – Wärest Du bei mir, so wollt' ich Dir es sagen, mit einem Kuss, doch will die Feder nicht zu schreiben wagen, den Götterschluss. Geheimnisvollstes Wunder, so auf Erden, die Götter tun, was nie enthüllt, nie kann verborgen werden – so rate nun! Denk Schmerz, Lust, Leben, Tod, in Einem Wesen, verschlungen ruhn, denk, dass ein ahndungsvoller Sänger du gewesen – errätst Du's nun?

Wärst Du in Deine vorigen Grausamkeiten zurückgefallen, so war ich fest entschlossen, eine Diebin zu werden, und mit Deinem Eigentum an einen Ort zu flüchten, den ich mir schon ersehen hatte, wo Du mich nie, nie wieder gefunden hättest; so aber, da Deine Briefe in schönen Zusammenhang sich wie eine Kette von goldnen Blumen um mich geschlungen und mich ununterbrochen immer näher zu Dir geführt haben, will ich Dir Dein Eigentum zurückbringen, und sorgsam bewahren. Mein Herz ist jetzt so frei, so leicht, so mutig, dass ich kaum noch weiß, ob ich eins habe – und meinen Kopf entführen mir Menschen, Geschäfte und Briefe. Ich habe diese Woche eine Menge Besuche gehabt – wie froh will ich sein, wenn ich nur Einen Menschen sehen, nur Ein Geschäft haben, und gar keine Briefe mehr schreiben werde! – Ich habe Deinetwegen schon wieder Streit gehabt. Es ist sonderbar, dass auch nicht ein Mensch ist, der nicht Deine Talente bewundert und Deinen Charakter fürchtet. – Nur ich, ich fürchte ihn nicht; es macht mich

*ganz fröhlich, mich einmal so ganz allein, keck der
ganzen Welt entgegenzustellen. Ich werde mit Dir glücklich sein, das weiß ich; ob ich es bleiben werde, das weiß
ich nicht, aber was geht mich die Zukunft an? – Kann
ich nicht sterben, eh' ich unglücklich werde? Es müsste
recht angenehm sein, in Deinen Armen, und von Dir be-
weint, zu sterben – besser aber noch ist's zu leben und
sich mit Dir des goldnen Lichts zu erfreuen, und ich ver-
sichre Dich, im Vertrauen, ich habe den Glauben, den
Mut, die Gewissheit, dass Du mich gar nicht unglücklich
machen kannst …*

Nachwort

Die Vergangenheit treibt vorwärts, alle Keime der Entwicklung in uns sind von ihrer Hand gesät. Mit diesem Bild versucht Karoline von Günderode ihrer Freundin Bettina Brentano, die sich von dem *Geschichtskerl um die liebe Gegenwart geprellt fühlt*, zu sagen, dass es ohne Wissen um das, was war, kein Verstehen dessen gibt, was ist.

Hast Du's nicht selbst letzten Herbst im Stiftsgarten gesagt, wie der Distelbusch an der Treppe, den wir im Frühling so viele Bienen und Hummeln hatten umschwärmen sehen, seine Samenflocken ausstreute: »Da führt der Wind der Vergangenheit Samen in die Zukunft.« Und auf der grünen Burg in der Nacht, wo wir vor dem Sturm nicht schlafen konnten – sagtest Du damals nicht, der Wind komme aus der Ferne, seine Stimme töne herüber aus der Vergangenheit und sein feines Pfeifen sei der Drang, in die Zukunft hinüberzueilen?

Wenn wir hinhören, wenn wir eine Weile still stehen, uns einhören, dann wird aus dem, was zunächst nur *Wind aus der Ferne* war, eine Vielzahl von Tönen.

Wir beginnen Eigentümlichkeiten herauszuhören, beginnen zu entdecken, wie verschieden die Stimmen sind, die aus diesem Band zu uns herübertönen: spröde

die der Günderode, streng und um Selbstzucht bemüht. Verhalten ist die Sprache der Günderode. Selten
nur ein Schrei, gleich wieder erstickt. Das Fräulein
schlägt die Hand vor den Mund, verlangt sich ab, das
Schicksal *mannhaft* zu ertragen.

Laut mag es nicht werden, das Günderödchen, dem
es peinlich ist, das Tischgebet vorzusprechen. Schüchtern ist die Frau, die einer andern bekennt, sie halte
nichts von *weiblichen Tugenden, Weiberglückseligkeit.*

»Der Freund« nennt sich das Fräulein in ihren Briefen
an geliebte Männer, an Savigny, an Creuzer, »lieber
Freund« reden die Männer sie an, »lieber Günther« die
Freundin Bettina.

Ohne Koketterie sei sie, sagt ihr Savigny, hört den
Ernst heraus aus ihrem spielerischen Ton und heiratet
eine andere.

»Klar, gedrängt und bescheiden« nennt Clemens
Brentano ihre Prosa, »das Einzige, was man der ganzen
Sammlung Böses vorwerfen könnte, wäre, dass sie zwi-
schen dem Männlichen und Weiblichen schwebt.«

Gepresst ist die Stimme Karoline von Günderodes
zwischen dem Verlangen nach Hingabe, Nähe, Auflösung und dem Willen zu Selbstständigkeit, Abstand,
Form.

Zwei Stimmen hat »es«, das Günderödchen, »er«, der
Freund: *Deswegen kömmt es mir aber vor, als sähe ich mich
im Sarg liegen und meine beiden Ichs starren sich ganz verwundert an.*

Dagegen die Stimme ihrer Freundin Bettina, gar nicht schüchtern, gar nicht schamhaft.

Schamlos aufdringlich ist zuweilen die Stimme Bettinas, eine, die gehört werden, die sich um jeden Preis Gehör verschaffen will.

Koboldstimme, mal aus dieser, mal aus jener Ecke: mutwillig, eigenwillig, ungeschult (will sich auch nicht schulen lassen).

Eine Sprache, die atemlos, ziellos hinausstürzt – Bettina, die auf einen Berg hinaufläuft, durch Dickicht, über Steine, selten auf dem Weg.

Eine Sprache, die sich nicht darum kümmert, was sich gehört – Bettina, die noch im Alter lieber auf der Lehne als anständig auf dem Sessel sitzt.

Vielleicht ist es das, was sie anziehend macht für die Günderode: dass sie diese Unbekümmertheit besitzt, dass sie sich diese Freiheiten nimmt.

Auch wenn sie die Freundin für die Unordnung in ihrem Zimmer tadelt, so greift sie doch nur mit behutsamer Hand ein, holt die Blockflöte aus dem Orangenkübel, schließt das Fenster, aus dem das Band der Gitarre flattert, aber sie räumt nicht rigoros auf. *Dein Kasten mit Hafer und was sonst noch dreingesäet ist, ist alles durcheinander emporgewachsen, es deucht mir viel Unkraut drunter zu sein, da ich es aber nicht genau unterscheiden kann, so hab ich nicht gewagt, etwas auszureißen.*

Unordentlich und manchmal verworren ist Bettinas Sprache, doch immer wieder findet sich mitten in der

Wirrnis ein Satz, der klar und eindeutig ist: *Wer nicht zweifelt, der denkt nicht.*

Caroline Schlegel-Schelling nennt das *innerlich verständig, aber äußerlich ganz töricht.*

Auf eine andere Weise als die Günderode hat auch Bettina zwei Stimmen: romantisch begeistert die eine, wenn sie als Operndiva auf der Bühne steht, die Augen gen Himmel gerichtet, nüchtern praktisch die andere, wenn sie zwischen ihren Auftritten hinter den Kulissen sitzt und Strümpfe strickt.

Anders Sophie Mereau. Ihre Stimme ist klar und eindeutig, selbstbewusst noch in der Verzweiflung. *Im Widerspruch mit der Welt* und doch nie kleinlaut, nie verzagend. Ganz bei sich, im übertragenen Sinne wie im wörtlichen: Im Gegensatz zu der Stiftsdame Günderode hält die Mereau es nicht für nötig, sich hinter einem Pseudonym zu verbergen.

Bei sich, wenn sie schreibt, bei sich, wenn sie liebt.

In der Lage, dem haltlosen Geliebten Halt zu geben. »Sophus« nennt er sie, Clemens Brentano, der Unberechenbare, das im Wind schwankende Rohr. Sie übernimmt die Rolle der Starken und bleibt bei sich.

Auch Rahel Varnhagen hat nur *eine* einzige Stimme. Doch eine, die nicht harmonisch ist, die schüchtern sein kann oder grell. Eine, die nicht gefestigt ist, die schwankt mit dem Wetter, den Umständen, mit Rahels Stimmungen und Gefühlen, klagend oder anklagend, gereizt oder begeistert, schenkend oder fordernd, doch immer Rahels Stimme. »Sie ist«, soll Goethe von ihr gesagt haben, »soweit ich sie kenne, in jedem Augenblick sich gleich.«

Unverstellt ist Rahels Stimme. Eine, die sich verausgabt bis zur völligen Entleerung, maßlos.

Gehetzt der Rhythmus, kein melodischer Fluss. *Ohne Grazie* nennt sie das – der leidenschaftliche Wille zur Ehrlichkeit nimmt ihr die Anmut. Bohren, suchen, fragen musst Rahel.

»Sie schreiben wahrlich mit Händen und Füßen«, sagt ihr Clemens Brentano, »und beschauen sich dabei hinten und vorne (was nur Janus kann) und die ganze Welt, insofern Sie von ihr begrenzt werden, nebenbei zugleich.«

Maßlos ist Rahel auch in ihrer Manieriertheit, »die kleine Levin«, der es *die größte Schmach, das herbste Leid und Unglück war, eine Jüdin geboren zu sein,* muss ihre Sprache ausstaffieren mit Wörtern aus einer Welt, aus der sie ausgeschlossen ist: Sie macht sich ein Wappen aus Wörtern wie échauffiert, enchantiert, ennuyiert, attachiert.

Schlichter, harmonischer, ruhiger die Stimme Caroline Schlegel-Schellings: keine schrillen Töne, keine Höhenflüge, keine Klagelieder. Nichts von Rahels Schwankungen, von Bettinas Sprunghaftigkeit, von der Zerrissenheit der Günderode.

Gezügelt ist die Stimme Carolines, wohlgesetzt ist ihre Sprache, bestimmt und eindeutig und klar. Verhalten der Ton, auch im Leid, auch in der Klage.

Dagegen die Stimme ihrer Schwägerin und Feindin Dorothea: Sie gibt sich bescheiden, will nicht vorlaut erscheinen. In Zurückhaltung übt sich Dorothea, fürsorgliche Gattin und Mutter. Hämische Töne nur, wenn es um andere Frauen geht.

Der Klatsch ist ihr Ausgleich, da lässt sie Zurückhaltung und Bescheidenheit fahren, und die Stimme versteigt sich.

Stimme eines scheltenden Vogels hoch oben im Baum. Nicht mehr die Glucke, die die Flügel über den Ihren ausbreitet.

Und die Stimme der Alternden, das lüsterne Fragen nach den letzten Augenblicken, nach dem Sterben der anderen.

Das Eifern im Glauben.

Nur manchmal, sehr selten, ein kleiner Zweifel, gleich wieder zugedeckt: *Wie mag wohl die christliche Tugend der Demut sich mit dem Glauben an Unsterblichkeit vertragen, da dieser doch eine große Arroganz ist? ... Aber Gottes Barmherzigkeit ist unendlich.*

Da führt der Wind der Vergangenheit Samen in die Zukunft. Was damals Zukunft war, ist heute unsere Gegenwart.

Lesen wir uns hinein, heute, in die Briefe dieser Frauen von damals, hören wir uns ein in diese Sprache, die nicht mehr und doch noch die unsere ist, dann kommt uns dieser Ton, jene Melodie merkwürdig bekannt vor.

So fern ist sie doch nicht, die ferne Zeit.

Es klingt da manches an, was noch heute in uns, unserem Denken, unserem Fühlen nachtönt, bekämpft zwar, nicht mehr hingenommen, doch noch nicht ausgestanden.

Noch ist nicht überwunden, was ein Wegbereiter der Französischen Revolution, einer, der Freiheit und Gleichheit für die Menschen forderte, Jean-Jacques Rousseau, in seinem Erziehungsroman *Emile* so ausdrückte: »Die Erziehung der Frauen sollte sich immer auf den Mann beziehen. Zu gefallen, für uns nützlich zu sein, uns zu lieben und unser Leben leicht und angenehm zu machen: das sind die Pflichten der Frau zu allen Zeiten und das sollte sie in ihrer Kindheit gelehrt werden.«

Wir bezweifeln das. Aber mit einem Nebensatz, einem unbedachten Wort wird noch heute manches Kind *auch* in diesem Sinne erzogen.

Was heute Überreste sind, war damals Norm. Klar und eindeutig war vorgeschrieben, wie eine Frau zu sein hatte.

Ihrer Bestimmung als Ehefrau und Mutter entsprechend, wurden sie alle erzogen, Rahel Levin und Dorothea Mendelssohn in Berlin, Caroline Michaelis in Göttingen und Sophie Schubart in Thüringen, Karoline von Günderode in Hanau und Bettina Brentano in Frankfurt.

Sittsam, tugendhaft, ehrbar, häuslich und schamhaft sollten sie sein. Züchtig und eingezogen leben. Mit

Anmut und Grazie tun, was sich schickt, mit Würde und Liebenswürdigkeit unterlassen, was sich nicht schickt.

»Ich zweifle gar nicht, dass du liebes Medgen dein Betragen so einrichten wirst, dass du uns alle Ehre machst und dir hierin die größte. Auch immer so dein Vertrauen zeigst, sowohl der Fräulein Pröbstin wie Fräulein Gredel, was schicklich oder nicht schicklich ist. Dieses sind vernünftige Menschen. Das nächtliche Laufen bringt keine Ehre, weil sich alsdann hier und da etwas anfedelt, wodurch ich nichts gewönne ... Ach Gott regiere dich mit dem heiligen Geist, werde und sei eine rechtschaffene Christin, so wirst du dich auch bestreben, eine tugendhafte Person zu sein und dazu geht über alles. Hast du noch Liebe vor mich, so verwirf meine Ermahnung nicht und denke daran, wenn ich schon lange erkaltet bin. Gott segne dich.«

Es war die Großmutter Karoline von Günderodes, die ihrer Enkelin diese Ermahnung ins Kronstettische adelig evangelische Damenstift mitgab. Vermutlich wäre sie fassungslos gewesen, wenn sie gelesen hätte, was das »liebe Medgen« zwei Jahre später an Gunda Brentano schrieb: *Schon oft hatte ich den unweiblichen Wunsch, mich in ein wildes Schlachtgetümmel zu werfen, zu sterben – warum ward ich kein Mann!*

Karoline von Günderode wird geahnt haben, dass das nicht der Ausweg sein kann: sich aus der einen Rolle heraus- in die andere hineinzubegeben. Ein anderer Ausweg zeichnete sich jedoch nicht ab in einer Zeit, in der Frauen in jeder Hinsicht von Männern abhängig waren – wirtschaftlich, juristisch, gesellschaftlich.

»Die Frauen wissen nichts von Verhältnissen der Gemeinschaft. Nur durch ihren Mann hängen sie mit Staat, Kirche, Publikum etc. zusammen. Sie leben im eigentlichen Naturzustande.« So sah es der Dichter der Blauen Blume, Novalis.

Auch für Friedrich Schlegel waren die Frauen »mitten im Schoß der menschlichen Gesellschaft Naturmenschen geblieben«. Da lässt sich etwas wie Neid heraushören. Frauen dürfen sein. Männer müssen tun.

Der Naturzustand als ein von den Männern verlorener Garten, die Frau nicht als niederes Wesen verachtet, sondern als höheres verehrt. Auch in diesem Punkt knüpften die Romantiker an mittelalterliche Vorstellungen an.

Der Emanzipationsgedanke lag ihnen im Grunde genauso fern wie den nichtromantischen Zeitgenossen, die die Frau als Dienende sehen wollten: »Auch der hochbegabteste Frauengeist beugt seine originale Kraft am Ende gern in irgendein sekundäres Verhältnis herab, und der Trieb demütigen Dienens ... gewährt ihnen jene traulich waltende Befriedigung, in der sie sich meistenteils mit der sozialen Umgrenztheit ihres Berufs versöhnen.«

Ob sie sie nun als Herzensdame oder Dienende sahen, Romantiker wie Nichtromantiker gingen davon aus, dass die Frau ohne direkte Beteiligung an »Staat,

Kirche, Publikum etc.« in Unschuld und Unwissenheit für sie da war.

Auch wenn Karoline von Günderode sich gegen diese Vorstellungen gewehrt hat, wird sie sie sich dennoch wenigstens zum Teil zu Eigen gemacht haben: Es gab kein Gegenbild, keinen Gegenentwurf.

Hoffnungslose Lage für eine, die es nicht verstand, sich zu arrangieren. *Wie soll zurechtkommen, wer sich nicht in das Gegebene zu schicken weiß?*

Da blieb nur der Wunsch: nicht Frau sein. Denn Frauen müssen sein, Männer dürfen tun. Auch daran ist sie gestorben: dass sie nicht zugleich tun und sein konnte.

Der Konflikt der Günderode ist bis heute nicht wirklich gelöst. Noch immer sind Verehrung und Anbetung ein mögliches Mittel für den Mann, die Frau aus dem eigenen alltäglichen Leben herauszuhalten und in den verlorenen Garten, in dem es kein Handeln und keine Schuld gibt, zu verbannen. Hundertundfünfzig Jahre nachdem sie für Creuzer die »Herrliche«, die »Poesie selbst« war, wird die Günderode in einem Gedicht Johannes Bobrowskis von neuem auf den Sockel verwiesen: »Aber / wir sehn dich / hell, die Gestalt der männlichen / Göttin, unterm Eichbaum, / Herrische, im Gezweig / das Haupt.«

Zwischen der »männlichen« und der »weiblichen Göttin« die anderen Frauen in diesem Band. Frauen, die sich besser als die Günderode in das Gegebene zu schicken wussten, gerade so weit, dass sie leben, überleben konnten. Auch sie waren unruhig, unzufrieden, auf der Suche nach Auswegen aus dem aufs Häusliche beschränkten Dasein, aber nicht so kompromisslos wie die Günderode, obwohl sie sich alle weitaus mehr Freiheiten nahmen als andere Frauen ihrer Zeit und sich, deswegen angefeindet, rechtfertigen mussten – nicht nur vor der Außenwelt, auch vor sich selbst.

Ihre eigene Einstellung zu Frauen konnte nicht losgelöst sein von der gesellschaftlichen. Selbst der aufsässige Unterdrückte wird sich immer *auch* mit den Augen des Unterdrückers sehen.

Rahel Varnhagen lässt Germaine de Staël bestellen: *Sie soll mich nicht verachten, weil ich ein Frauenzimmer bin: auch bei mir hätte es schwer gehalten, sie gelten zu lassen.*

Caroline Schlegel-Schelling bringt, auf dem Land versteckt, ein uneheliches Kind zur Welt und schreibt an ihre Freundin: *Das Kind ist … dass ich Dir das Beste zuletzt verkünde – kein Mädchen.*

Rahel Varnhagen, in deren Briefen sonst nie von den Äußerungen ihrer Dienstboten die Rede ist, findet das, was ihr Dienstmädchen zu ihrer bevorstehenden Heirat gesagt hat, so bemerkenswert, dass sie es Varnhagen berichtet: »Nur eens is mir lieb … Dass Sie den Namen kriegen: eene Mamsell wird doch anders behandelt; Ehre hatten Sie ooch: aber es is so besser!«

Als Geisel auf die Festung Königstein verbracht, bittet Caroline Schlegel-Schelling ihren Freund Meyer: *Was*

Du von mir hören magst, jetzt da ich einem gehässigen Publikum schmählich überantwortet bin ... denk, ich sei dieselbe Frau geblieben, die Du immer in mir kanntest, geschaffen, um nicht über die Grenzen stiller Häuslichkeit hinwegzugehen, aber durch ein unbegreifliches Schicksal aus meiner Sphäre gerissen, ohne die Tugenden derselben eingebüßt zu haben, ohne Abenteurerin geworden zu sein.

Entschiedener und sicherer kann sich Bettina von Arnim gegen ihren Bruder Clemens zur Wehr setzen, als der ihr Vorhaltungen macht, über die »Unart ... ihr Innerstes auf den Markt zu bringen«. Es gefällt ihm nicht, dass sie ein Buch veröffentlichen will. Sie ist fünfzig Jahre alt, Witwe und hat ihren Briefwechsel mit Goethe bearbeitet. *Du frägst, ob ich keine sittliche Frau zur Freundin habe. Ich bin eine vollkommen sittliche Frau und habe tiefen Ernst und Mut und großen Entscheidungsgeist über das, was recht ist; und wenn ich nun auch eine sittliche Freundin hätte, und sie wär so dumm, ein besseres Urteil sich zuzutrauen wie ich, die dies geschrieben ... was sollte ich mir eine solche Sünde aufbürden, denn Dummheit ist Sünde oder wenn Du willst: der Mist, auf dem die Sünde wächst.*

Sittlichkeit musste sein.

Eine Frau, die den Anspruch auf Sittlichkeit aufgab, gab sich selbst auf: Da war keine Bewegung, die sie hätte auffangen können.

Anders als der Mann, der durch eine gewisse Unsittlichkeit umso männlicher erscheinen mochte, war eine solche Frau nur »eine solche«.

Wir können heute bloß lächerlich finden, was Therese Forsters Biograph über Caroline Schlegel-Schelling schrieb: »Sinnlich und sittenlos zeigte sie sich schon in ihren Mädchenjahren.«

Aber ist nicht auch heute noch das Wort »Hure«, von einem eifersüchtigen Vater oder einer Mutter oder anderen gesprochen, das letzte Mittel, um ein aufsässiges Mädchen »zur Vernunft zu bringen«?

Heute kann eine so Beschimpfte sich von anderen versichern lassen, sie sei doch keine Hure. Damals gab es niemanden, auf den sie zurückfallen konnte. Also musste sie darauf bedacht sein, ihren Ruf zu wahren und zu verteidigen.

Wenn Bettina von Arnim ihre Sittlichkeit und Caroline Schlegel-Schelling ihre Tugend betonen, so mag das einerseits auf die Umstände zurückzuführen sein, andererseits aber sicher auch darauf, dass sie selber an die Notwendigkeit von Sittlichkeit und Tugend, wie sie damals verstanden wurden, glaubten.

Wenn aber Rahel Varnhagen Madame de Staël bestellen lässt, sie solle sie nicht verachten, weil sie eine Frau sei, so kommt darin eine bis heute noch nicht ganz überwundene Zwiespältigkeit dem eigenen Geschlecht gegenüber zum Ausdruck: auf der einen Seite die Annahme, eine Frau müsste auf die andere herabsehen, weil sie auch bloß eine Frau ist, auf der anderen das Aufbegehren gegen die weibliche Rolle.

Es ist Menschenunkunde, schreibt Rahel Varnhagen,

wenn sich die Leute einbilden, unser Geist sei anders und zu andern Bedürfnissen konstituiert, und wir könnten ganz von des Mannes oder Sohns Existenz mitzehren. Diese Förderung entsteht nur aus der Voraussetzung, dass ein Weib in ihrer ganzen Seele nichts Höheres kennt als gerade die Forderungen und Ansprüche ihres Mannes in der Welt: oder die Gaben und Wünsche ihrer Kinder: dann wäre jede Ehe, schon bloß als solche, der höchst menschliche Zustand: so aber ist es nicht; und man liebt, hegt, pflegt wohl die Wünsche der Seinigen; fügt sich ihnen; macht sie sich zur höchsten Sorge und dringendsten Beschäftigung: aber erfüllen, erholen, uns ausruhen zu fernerer Tätigkeit und tragen können die uns nicht; oder auf unser ganzes Leben hinaus stärken und kräftigen. Dies ist der Grund des vielen Frivolen, was man bei Weibern sieht und zu sehen glaubt: sie haben der beklatschten Regel nach gar keinen Raum für ihre eigenen Füße, müssen sie immer nur dahin setzen, wo der Mann eben stand und stehen will; und sehen mit ihren Augen die ganze bewegte Welt wie etwa einer, der wie ein Baum mit Wurzeln in der Erde verzaubert wäre.

Es war keine Bewegung – neben Rahel Varnhagen waren es einige wenige Einzelne im Umkreis der Romantiker, die die Rolle der züchtigen Hausfrau in Frage zu stellen begannen. Aber es war das erste Mal, dass eine Reihe von Frauen gleichzeitig aus dem häuslichen Kreis heraustrat – zögernd, unsicher, nicht weiter als gerade bis vor die Haustür.

Selbst diese wenigen Schritte wären damals nicht

möglich gewesen ohne die Unterstützung von Männern. Auch wenn die Romantiker die Frau »im Naturzustand« sehen wollten und dadurch emanzipatorische Ideen, wie wir sie heute verstehen, von vornherein ausgeschlossen waren, unterschied sich ihr Frauenbild doch wesentlich von dem der Gesellschaft, in der sie lebten.

Nicht die Eltern sollten der Frau den Mann aussuchen: Sie sollte den lieben (und heiraten) dürfen, den sie selbst gewählt hatte. Und wenn sie auch mit »Staat, Kirche, Publikum etc.« nichts zu tun haben sollte, so war sie doch nicht mehr bloß als dienende Hausfrau und Mutter gewünscht.

Gewünscht war eine selbstständig denkende und (innerhalb gewisser Grenzen) handelnde Gefährtin, von der der Mann sich nicht nur bewundern lassen, die er auch bewundern wollte.

Es war sicher kein Zufall, dass gerade die Romantiker und die ihnen Nahestehenden oft mit wesentlich älteren Frauen verheiratet waren – Varnhagen mit der vierzehn Jahre älteren Rahel, Schelling mit der dreizehn Jahre älteren Caroline, Friedrich Schlegel mit der neun Jahre älteren Dorothea, Clemens Brentano mit der acht Jahre älteren Sophie Mereau.

Es war keine Bewegung, kein allgemeines Umdenken. Es waren einige wenige. Aber diese wenigen bildeten so etwas wie eine über ganz Deutschland verbreitete Familie, eine weit verzweigte mit nahen und entfernten, verbündeten und verfeindeten Verwandten.

Clemens Brentano entzündete sich vorübergehend an Karoline von Günderode.

Die liebte eine Zeit lang Friedrich Carl von Savigny.

Der heiratete Clemens Brentanos Schwester Gunda.

Die hielt eine Rivalinnen-Freundschaft mit der Günderode.

Die Günderode war die wichtigste Frau im Leben Bettina Brentanos.

Bettina Brentano heiratete Achim von Arnim.

Der war mit Clemens Brentano befreundet.

Clemens Brentano bewunderte und beleidigte die Jüdin Rahel Varnhagen.

Die freute und ärgerte sich über Bettina von Arnim.

Bettina von Arnim holte sich väterlichen Rat bei Friedrich Schleiermacher.

Der war befreundet mit Rahel Varnhagen.

Die war eine Jugendfreundin Dorothea Veits.

Dorothea Veit schrieb zutrauliche Briefe an Friedrich Schleiermacher.

Der setzte sich für Friedrich Schlegel ein.

Friedrich Schlegel heiratete Dorothea Veit.

Die erboste sich über ihre Schwägerin Caroline Schlegel.

Caroline Schlegel war die erste Frau, die Friedrich Schlegel »in der Mitte traf«.

Friedrich Schlegel war eifersüchtig auf Friedrich Wilhelm Schelling.

Der liebte Caroline Schlegel.

Die wurde von Bettina von Arnim als *hässlich wie eine alte Wildschnur* bezeichnet.

Bettina von Arnim war eifersüchtig, weil die Tochter von Caroline Schlegels Freundin Luise Gotter Briefe mit Goethe wechselte.

Der ließ sich die Anbetung Bettina von Arnims eine Weile gefallen.

Die verliebte sich ein wenig in Henry Gontard.

Henry Gontard war der Sohn von Susette Gontard.

Die war die Diotima Friedrich Hölderlins.

Hölderlin war befreundet mit Isaac Sinclair.

Der war mit Bettina Brentano und Karoline von Günderode befreundet ...

Selbst wenn es in dieser Familie der wenigen neben Liebe, Freundschaft und klugen Gesprächen auch Eifersucht, Hass und geistreiche Bösartigkeiten gab, so bot sie doch einen gewissen Rückhalt den vielen gegenüber, die mit strenger Missbilligung verfolgten, was sich bei den »Frauenzimmern« tat.

Schon im Jahre 1783, als viele, die später zu der romantischen Familie gehören sollten, gerade erst geboren waren, warnte der Philologe David Christoph Seybold in seinem »Magazin für Frauenzimmer« vor kommendem Unheil. »Vor ungefähr zehn Jahren lasen noch wenige Frauenzimmer, und was sie lasen, war etwa das Kochbuch, der Kaiser Octavianus ... Seit zehn Jahren hingegen liest fast alles, und es ist daher zu befürchten, das schöne Geschlecht möchte über den Büchern vergessen, dass sie nicht nur zum Lesen, sondern auch zum Kindergebären und Erziehen und zur Führung einer Hauswirtschaft bestimmt sind.«

Das war eine Angst von Männern: die Angst, wie es weitergehen soll, wenn das Weib nicht mehr beizeiten dienen lernen will, die Rolle ablehnt oder sich auch nur weigert, sie so wie bisher zu spielen. Es ist eine Angst, die sich leicht eingrenzen und benennen lässt: die Furcht vor Machtverlust und Unbequemlichkeiten.

Eine andere, weniger leicht einzugrenzende, schwerer zu benennende war (und ist) diejenige, die Jean-Jacques Rousseau so zum Ausdruck brachte: »Wäre es natürlich, dass sich beide Geschlechter mit gleicher Kühnheit einem Unternehmen hingeben, das so verschiedenartige Folgen für sie hat? Wie kann man verkennen, dass, wenn bei einer so großen Ungleichheit im gemeinschaftlichen Unternehmen die Zurückhaltung dem einen nicht die Mäßigung geböte, die die Natur dem anderen gebietet, bald der Untergang beider folgen würde und das Menschengeschlecht an den Mitteln, die zu seiner Unterhaltung bestimmt sind, zugrunde ginge? Bei der Leichtigkeit der Frauen, die Sinne der Männer zu erregen und auf dem Grund ihres Herzens die Überbleibsel einer schon fast erloschenen Liebesfähigkeit wieder zu erwecken – es brauchte nur eines unglückseligen Landes auf Erden, wo die Philosophie ein solches Brauchtum eingeführt hätte, besonders in den heißen Zonen, wo mehr Frauen als Männer geboren werden, so würden die Männer, von den Frauen tyrannisiert, schließlich zu deren Opfern und alle wehrlos dem Tod entgegengetrieben.«

Wir können sie nur albern finden, diese Angst des berühmten Philosophen, »wehrlos dem Tod entgegengetrieben« zu werden von schamlos sinnlichen Weibern.

Wir können sie aber auch bedenken als etwas, das nicht nur der Philosoph so empfunden haben mag: Bedrohlich die nicht mehr durch schamhafte Sittlichkeit gebundene Frau. Bedrohlich, weil sie nicht mehr Besitz, nicht mehr verfügbar ist. Weil sie Forderungen stellt und Vergleiche zieht und ungestraft zu einem andern gehen kann. Eine Bedrohung aber vor allem, weil sie, erst einmal »entfesselt«, unersättlich werden könnte: Fressweib, verschlingender Schoß.

Es waren und sind hauptsächlich Frauen, die Kinder erziehen. Aus Söhnen werden Männer, die (zuweilen) den Drang verspüren, sich das Weib untertan zu machen – damit es sie nicht fresse.

Das so gebändigte Weib aber fürchtet etwas anderes: die Urangst des so genannten schwachen Geschlechts ist die vor der Gewalt.

Die Frau aber, die aus dem Haus heraus auf die Straße tritt, allein, ohne den schützenden Arm des Mannes, liefert sich der Gewalt aus.

Die Frau, die sich der Gewalt aussetzt (jeder Form von Gewalt, nicht nur der körperlichen), muss sich schützen, so gut sie es vermag.

Um sich zu schützen, muss sie Teile von dem aufgeben, was die Allgemeinheit unter Weiblichkeit versteht, muss in Kauf nehmen, dass andere, Männer wie Frauen, sie als »unweiblich« bezeichnen. Zu der Zeit, in der die in diesem Band versammelten Frauen lebten, ein vernichtender Vorwurf.

Die Frau, die nur durch ihren Mann mit dem öffentlichen Leben, letzten Endes aber auch mit sich selbst, verbunden war, konnte sich nur annehmen, wenn sie von Männern angenommen wurde. Voraussetzung dafür aber war, dass sie sich »weiblich« gab – weiblich, das hieß: handelnd nur als Gefährtin des Mannes, nachgiebig, ausgleichend, empfangend und empfänglich. Auch wenn das heute kaum jemand mehr öffentlich so unverblümt sagt wie damals Karl Gutzkow: »Da der Geist der Frauen nie schöpferisch wird, so kann ihre höchste Bildung immer nur eine unglaubliche Steigerung der Empfänglichkeit sein.«

Eine Frau, die sich nicht an diese Regeln halten konnte, musste ohne die Liebe der Männer auskommen.

Die Günderode und ihre gescheiterten Lieben.

Rahel Varnhagen und ihre gescheiterten Verlobungen.

Rahel hat den Vorwurf manches Mal zu hören bekommen und sich verzweifelt gewehrt: *Die blinden, rohen Leute! ... mich unweiblich zu finden, ist das weiblich, sich auf Menschen und Schicksal ohne Wahl wie auf ein Lotterbett zu werfen?*

Caroline Schlegel-Schelling hat sich, wie Friedrich Schlegel berichtet, sehr davor gefürchtet, unweiblich zu erscheinen.

Friedrich Schlegel hat sich eingesetzt für die Bewegungsfreiheit der Frau *in ihrem Bereich*: »Die Frauen müssen wohl prüde bleiben, solange Männer sentimental, dumm und schlecht genug sind, ewige Unschuld und Mangel an Bildung von ihnen zu fordern.« Aber der Gedanke, dass eine Frau in den Bereich des Schöpferischen vordringen und dabei Frau und weiblich bleiben könnte, lag auch ihm fern.

Friedrich Schlegel über Caroline Schlegel in Jena: »Nun, sage ich, kann sie tun, was wir alle wollen – einen Roman schreiben. Mit der Weiblichkeit ist es nun doch vorbei.«

Den von Friedrich Schlegel befürchteten Roman hat seine Schwägerin Caroline nicht geschrieben. Doch ihre Briefe werden noch heute gelesen (genauso wie die der anderen in diesem Band versammelten Frauen) und ihr Leben ist immer noch so spannend wie ein Roman.

Zeittafel

1717	Johann David Michaelis (Vater von Caroline Schlegel-Schelling, Professor der Orientalistik und Theologie in Göttingen) geboren
1729	Moses Mendelssohn (Philosoph, Vertreter der Aufklärung, einflussreicher Repräsentant des Judentums in Deutschland) geboren
1731	Sophie von La Roche (Verfasserin empfindsamer Romane und Großmutter Bettina von Arnims und Clemens Brentanos) geboren
1749	Johann Wolfgang von Goethe geboren
1754	Johann Franz Böhmer (Caroline Schlegel-Schellings erster Ehemann) geboren; Georg Forster (Naturforscher, Reiseschriftsteller und Führer der Mainzer Republikaner) geboren
1759	Friedrich Schiller geboren; Friedrich Ludwig Wilhelm Meyer (ab 1785 Bibliothekar in Göttingen, Kritiker und Verfasser von Dramen, mit Caroline Schlegel-Schelling und Therese Forster-Huber befreundet) geboren
1762	Bettines Vater Pietro Antoni Brentano erlangt Frankfurter Bürgerrecht
1763	Caroline Michaelis (später Schlegel-Schelling)

geboren; Dorothea Mendelssohn (später Veit-Schlegel) geboren

1764   Therese Heyne (Freundfeindin von Caroline Schlegel-Schelling, verheiratet mit Georg Forster und ab 1794 mit Ludwig Ferdinand Huber) geboren; Friedrich Gentz (Staatsmann und Freund Rahel Varnhagens) geboren

1767   August Wilhelm Schlegel (Übersetzer, insbesondere von Shakespeare, Kritiker und Literaturwissenschaftler; zusammen mit seinem Bruder Friedrich führender Vertreter der Frühromantik; von 1796 bis 1803 mit Caroline verheiratet) geboren

1770   Sophie Schubart (später Mereau-Brentano) geboren

1771   Georg Friedrich Creuzer geboren; Rahel Levin (später Varnhagen) geboren

1772   Karl Friedrich Alexander von Finckenstein (von 1796 bis 1800 mit Rahel Levin verlobt) geboren; Louis Ferdinand, Prinz von Preußen (verkehrte in Rahels »Dachstubensalon«, liiert mit Rahels Freundin Pauline Wiesel) geboren; Friedrich Schlegel (Schriftsteller, Kritiker; zusammen mit seinem Bruder August Wilhelm führender Vertreter der Frühromantik; seit 1799 mit Dorothea Veit liiert, ab 1804 mit ihr verheiratet; 1808 zum katholischen Glauben übergetreten) geboren; Georg Forster nimmt an der zweiten Weltumsegelung James Cooks teil (bis 1775)

1775 Friedrich Wilhelm Joseph Schelling (Naturphilosoph, neben Fichte und Hegel Hauptvertreter des Deutschen Idealismus; seit 1803 mit Caroline verheiratet) geboren

1778 Clemens Brentano geboren

1779 Friedrich Carl von Savigny (Freund Creuzers und der Günderode; mit Bettina von Arnims Schwester Gunda verheiratet) geboren

1780 Karoline von Günderode geboren; Kunigunde Brentano (Schwester Bettinas; ab 1804 verheiratet mit Friedrich Carl von Savigny) geboren

1781 Achim von Arnim geboren

1784 Caroline Michaelis heiratet den Arzt Johann Franz Böhmer und zieht nach Clausthal (Harz)

1785 Bettina Brentano geboren; Auguste Böhmer (Caroline Schlegel-Schellings erste Tochter aus der Ehe mit Böhmer) geboren; Jacob Grimm (Sprach- und Altertumsforscher; zusammen mit seinem Bruder Wilhelm Herausgeber der *Kinder- und Hausmärchen*) geboren; Karl August Varnhagen (Schriftsteller, Publizist, Diplomat; seit 1814 mit Rahel Levin verheiratet) geboren; Therese Heyne und Georg Forster heiraten in Göttingen

1786	Wilhelm Grimm (Sprach- und Altertumsforscher) geboren; Moses Mendelssohn gestorben
1788	Franz Böhmer (Caroline Schlegel-Schellings erster Ehemann) gestorben; Georg Forster wird Bibliothekar in Mainz; seine Frau wendet sich Ferdinand Huber zu
1789	Beginn der Französischen Revolution; Rahels Vater Markus Levin stirbt; Rahel übernimmt die Erziehung der Geschwister
1790	Rahel etabliert ihren ersten Salon in der Dachstube des elterlichen Hauses
1791	Carolines Vater Johann David Michaelis gestorben
1792	Das linke Rheinufer wird von den französischen Revolutionsheeren besetzt; Österreich, Spanien, England und Holland verbünden sich gegen das revolutionäre Frankreich; Caroline Böhmer zieht nach Mainz
1793	Preußen schließt sich dem Bündnis gegen Frankreich an und erobert Mainz zurück; Caroline Böhmer bringt in Lucka heimlich ihren Sohn Julius zur Welt
1794	Georg Forster in Paris gestorben
1796	Franzosen räumen Frankfurt; Bettine Brentanos Vater gestorben; Bettine wird aus dem Kloster geholt und lebt bei der Großmutter in Offenbach; Caroline Böhmer und August

	Wilhelm Schlegel heiraten in Braunschweig und ziehen nach Jena
1798	Schelling kommt nach Jena
1799	Napoleon Bonaparte macht sich als Erster Konsul zum Alleinherrscher von Frankreich
1800	Rahel Levin löst die Verlobung mit Finckenstein und reist im Sommer mit der Gräfin Schlabrendorf nach Paris (wo sie bis Frühjahr 1801 bleibt); Auguste Böhmer gestorben
1801	Wilhelm Schlegel siedelt nach Berlin über
1802	Verlobung Rahel Levins mit Don Raphael d'Urquijo
1803	In Frankreich wird das bürgerliche Gesetzbuch (Code Napoléon) eingeführt; Clemens Brentano und Sophie Mereau heiraten in Marburg; Scheidung Carolines von August Wilhelm Schlegel und Heirat mit Schelling
1804	Napoleon Bonaparte lässt sich zum Kaiser ausrufen; Verlobung Rahel Levins mit Raphael d'Urquijo gelöst; erste Begegnung zwischen Caroline von Günderode und Georg Friedrich Creuzer; Dorothea Veit lässt sich taufen und heiratet Friedrich Schlegel
1805	Friedrich Schiller in Weimar gestorben
1806	Sophie von La Roche gestorben; Napoleon zieht in Berlin ein; Rahel Levins erster Salon löst sich infolge der Kriegsereignisse auf; Prinz Louis Ferdinand fällt in der Schlacht bei

Saalfeld; Karoline von Günderode erdolcht
sich; Sophie Mereau-Brentano bei der Geburt
ihres dritten Kindes in Heidelberg gestorben

1807   Bettina von Arnims erster Besuch bei Goethe
1808   Die französischen Besatzungstruppen verlassen Berlin; Rahel und Karl August Varnhagen
kommen sich näher; Dorothea und Friedrich
Schlegel treten zum katholischen Glauben
über

1809   Caroline Schlegel-Schelling in Maulbronn
gestorben

1811   Rahel Levins ehemaliger Verlobter Karl Graf
von Finckenstein gestorben; Bettina Brentano
und Achim von Arnim heiraten; Reise des
Ehepaars nach Weimar; Bettinas Streit mit
Goethes Frau Christiane; Bruch mit Goethe

1812   Freimund von Arnim (Sohn von Bettina und
Achim) geboren; die *Kinder- und Hausmärchen*
der Brüder Grimm erscheinen mit der
Widmung »Frau Bettina von Arnim für den
kleinen Johannes Freimund«; Napoleon fällt
in Russland ein

1813   Siegmund von Arnim (Sohn von Bettina und
Achim von Arnim) geboren; Preußen
schließt sich der russischen Erhebung gegen
Napoleon an; Rahel Levin flieht aus dem
vom Krieg bedrohten Berlin nach Prag

1814   Friedmund von Arnim (Sohn von Bettina

und Achim) geboren; Rahel Levin lässt sich taufen und heiratet Karl August Varnhagen

1817 Kühnemund von Arnim (Sohn von Bettina und Achim) geboren

1818 Maximiliane von Arnim (Tochter von Bettina und Achim) geboren

1821 Armgart von Arnim (Tochter von Bettina und Achim) geboren; Napoleon in der Verbannung auf der Insel St. Helena gestorben

1827 Gisela von Arnim (Tochter von Bettina und Achim) geboren

1829 Therese Huber, geb. Heyne gestorben; Friedrich Schlegel gestorben

1831 Achim von Arnim in Wiepersdorf gestorben; Ausbruch der Cholera in Berlin; Bettina von Arnim sorgt für Arznei und ärztliche Hilfe im Armenviertel vor dem Hamburger Tor

1832 Friedrich Gentz (Staatsmann und Freund Rahel Varnhagens) gestorben; Johann Wolfgang von Goethe gestorben

1833 Rahel Varnhagen, geb. Levin, gestorben

1835 Kühnemund von Arnim (Sohn von Bettina und Achim) gestorben

1839 Dorothea Veit-Schlegel in Frankfurt gestorben

1840 Friedrich Ludwig Wilhelm Meyer gestorben

1842 Clemens Brentano gestorben

1843 Friedrich Hölderlin gestorben

1845 August Wilhelm Schlegel gestorben

1854	Friedrich Wilhelm Joseph Schelling gestorben
1858	Georg Friedrich Creuzer gestorben; Karl August Varnhagen von Ense gestorben
1859	Bettina von Arnim gestorben
1861	Friedrich Carl von Savigny gestorben
1863	Freimund von Arnim (Sohn von Bettina und Achim) gestorben; Kunigunde von Savigny, geb. Brentano, gestorben; Jacob Grimm gestorben
1880	Armgart von Flemming, geb. von Arnim (Tochter von Bettina und Achim), gestorben
1883	Siegmund von Arnim (Sohn von Bettina und Achim) gestorben
1883	Friedmund von Arnim (Sohn von Bettina und Achim) gestorben
1889	Gisela Grimm, geb. von Arnim (Tochter von Bettina und Achim), gestorben
1890	Siegmund von Arnim (Sohn von Bettina und Achim) gestorben
1894	Maximiliane von Oriola, geb. von Arnim (Tochter von Bettina und Achim), gestorben

Personenverzeichnis

Arnim, Achim von (1781–1831), einer der bedeutendsten Dichter der Romantik, gab gemeinsam mit Clemens Brentano *Des Knaben Wunderhorn* heraus; Ehemann von Bettine

Börne, Ludwig (1786–1837), Schriftsteller und Literaturkritiker

Brinkmann, Carl Gustav von (1764–1847), schwedischer Diplomat, Legationssekretär in Berlin; mit Rahel und Schleiermacher befreundet

Creuzer, Georg Friedrich (1771–1858), Altphilologe; seit 1804 Professor für klassische Philologie in Heidelberg

Daub, Carl (1763–1836), Professor der Theologie und Philosophie in Heidelberg; Freund Creuzers; seine Frau Sophie (1765–1836), ursprünglich mit Karoline befreundet, nahm in dem Ehekonflikt Creuzers Partei gegen die Günderode; Carl Daub gab zusammen mit Creuzer den Nachlass der Günderode heraus

Fichte, Johann Gottlieb (1762–1814), einer der drei führenden Denker des Deutschen Idealismus; Professor der Philosophie in Jena, Erlangen und Berlin

Forster, Georg (1754–1794), Professor der Naturkunde; als Anhänger der Französischen Revolution wurde er 1792/93 Führer der Mainzer Republikaner; starb in der Emigration in Paris

Forster, Therese, geb. Heyne (1764–1829), Ehefrau von Georg Forster; ab 1794 mit Ludwig Ferdinand Huber verheiratet; Freundfeindin von Caroline

Gentz, Friedrich von (1764–1832), Staatsmann und Publizist; befreundet mit Rahel

Görres, Joseph von (1776–1848), Schriftsteller und Theologe; Mitglied des Heidelberger Romantikerkreises

Gotter, Luise (1760–1826), Ehefrau des Bühnenschriftstellers Friedrich Wilhelm Gotter; Freundin von Caroline

Gotter, Pauline (1786–1854), Tochter von Luise Gotter; mit Goethe befreundet; wurde nach Carolines Tod 1812 Schellings zweite Frau

Grillparzer, Franz (1791–1872), österreichischer Schriftsteller

Hegel, Georg Wilhelm Friedrich (1770–1831), Philosoph; mit Schelling und Hölderlin befreundet

Hemsterhuis, Francois (1721–1790), niederländischer Philosoph, dessen Werk die deutschen Romantiker, insbesondere Novalis stark beeinflusste

Herder, Johann Gottfried (1744–1803), Philosoph, Theologe und Dichter

Herz, Henriette (1764–1847), ihr literarischer Salon war ein geistiges Zentrum in Berlin; befreundet mit Rahel und Dorothea

Hölderlin, Friedrich (1770–1843), Lyriker; Zeitgenosse der Romantiker

Humboldt, Alexander von (1769–1859), Naturforscher und Geograph

Humboldt, Wilhelm von (1767–1835), liberaler preußischer Staatsmann und Gelehrter; Bruder von Alexander von Humboldt

Jacobi, Friedrich Heinrich (1743–1819), Schriftsteller und Philosoph; Freund Goethes

Jean Paul (eigentlich: Johann Paul Friedrich Richter) (1763–1825), bedeutender Erzähler zur Zeit der Romantik

Kleist, Heinrich von (1777–1811), Dramatiker und Erzähler, Zeitgenosse der Romantiker

La Roche, Sophie von (1731–1807), Verfasserin empfindsamer Romane; Großmutter von Clemens und Bettina Brentano

Lessing, Gotthold Ephraim (1729–1781), Dichter, Kritiker und Religionsphilosoph

Louis Ferdinand, Prinz von Preußen (1772–1806), Neffe Friedrichs II.; bei Saalfeld gefallen; verkehrte in Rahels »Dachstubensalon«; liiert mit Rahels Freundin Pauline Wiesel

Marwitz, Alexander von der (1787–1814), Studienfreund August Varnhagens; Freund Rahels

Mendelssohn, Moses (1729–1786), Philosoph, Vertreter der Aufklärung; einflussreicher Repräsentant des Judentums in Deutschland; Freund Lessings; Vater von Brendel (= Dorothea)

Meyer, Friedrich Ludwig Wilhelm (1759–1840), Kritiker und Verfasser von Dramen; seit 1785 Bibliothekar in Göttingen; mit Caroline und Therese Forster-Huber befreundet

Novalis (eigentlich: Friedrich Leopold Freiherr von Hardenberg) (1772–1801), bedeutender Dichter der Frühromantik; mit Friedrich Schlegel und Ludwig Tieck befreundet

Ossian (eigentlich: James Macpherson) (1736–1796), schottischer Dichter; mit seinen Ossian-Dichtungen, die er als Übersetzungen aus dem Gälischen ausgab, von großem Einfluss auf Goethe, Herder und die Romantik

Paulus, Caroline (1767–1844), Ehefrau des Theologen und Orientalistik-Professors Heinrich Eberhard Gotthelf Paulus; sie schrieb unter dem Pseudonym Eleutheria Holberg; zunächst mit Caroline befreundet, verbreitete sie später böswillige Gerüchte über sie

Savigny, Friedrich Carl von (1779–1861), Professor der Rechtswissenschaft; Freund Creuzers und der Günderode; mit Bettines Schwester Gunda verheiratet

Schelling, Friedrich Wilhelm Joseph (1775–1854), Naturphilosoph, neben Fichte und Hegel Hauptvertreter des Deutschen Idealismus; seit 1803 mit Caroline verheiratet

Schlegel, August Wilhelm von (1767–1845), Übersetzer, insbesondere von Shakespeare, Kritiker und Literaturwissenschaftler; von 1796 bis 1803 mit Caroline verheiratet

Schlegel, Friedrich von (1772–1829), Bruder von A. W. von Schlegel; Sprachforscher, Schriftsteller, Kritiker; seit 1799 mit Dorothea liiert, ab 1804 mit ihr verheiratet

Schleiermacher, Friedrich Ernst Daniel (1768–1834), evangelischer Theologe und Philosoph

Schleiermacher, Henriette (1788–1840), verheiratet mit Friedrich Schleiermacher; leidenschaftliche Neigung zwischen ihr und Alexander von der Marwitz

Sinclair, Isaac von (1775–1815), Legationsrat des Landgrafen von Hessen-Homburg; radikaler Demokrat; Freund Hölderlins

Staël, Germaine de (1766–1817), französische Schriftstellerin; floh vor Napoleon nach Coppet, das sie zu einem Zentrum der Romantik machte; mit A.W. Schlegel liiert; trat für die Emanzipation der Frau ein

Tieck, Christian Friedrich (1776–1851), Bildhauer

Tieck, Johann Ludwig (1773–1853), romantischer Dichter; Bruder von Chr. F. Tieck; zusammen mit den Brüdern Schlegel Begründer der romantischen Schule

Tischbein, Friedrich August (1750–1812), klassizistischer Porträtmaler; seine Frau Sophie war mit Caroline befreundet

Varnhagen von Ense, Carl August (1785–1858), Offizier in österreichischen und russischen Diensten, Schriftsteller, Diplomat; seit 1814 mit Rahel verheiratet

Veit, Simon (gest. 1819), Bankier in Berlin, erster Mann Dorotheas

Wieland, Christoph Martin (1733–1813), Schriftsteller der Aufklärung; befreundet mit Goethe und Herder

Literaturhinweise

Werkausgaben

Achim und Bettina in ihren Briefen (2 Bde), Hrsg. Werner Vordtriede, Frankfurt am Main 1961

Bettina von Arnim, Werke und Briefe (5 Bde), Hrsg. Gustav Konrad und Joachim Müller, Frechen/Köln und Darmstadt 1959–1963

Bettina von Arnim, Die Günderode, Hrsg. Christa Wolf, Frankfurt am Main 1982

Gesammelte Werke der Karoline von Günderode (3 Bde), Hrsg. Leopold Hirschberg, Berlin 1920, Nachdruck Bern 1970

Karoline von Günderode – Der Schatten eines Traumes, Hrsg. Christa Wolf, Berlin (DDR) und Darmstadt 1979

Rahel Varnhagen, Briefwechsel (4 Bde), Hrsg. Friedhelm Kemp, München 1979

Rahel Levin Varnhagen, Briefwechsel mit Pauline Wiesel, Hrsg. Barbara Hahn, München 1997

Im Schlaf bin ich wacher. Die Träume der Rahel Levin Varnhagen, Hrsg. Barbara Hahn, Darmstadt 1990

Caroline. Briefe aus der Frühromantik (2 Bde), Hrsg. Erich Schmidt, Leipzig 1913, Nachdruck Bern 1970

Caroline Schlegel-Schelling in ihren Briefen, Hrsg. Sigrid Damm, Leipzig 1979 und Darmstadt 1980

Caroline und Dorothea Schlegel in ihren Briefen, Hrsg. Ernst Wieneke, Weimar 1914

Lebe der Liebe und liebe das Leben – Der Briefwechsel von Clemens Brentano und Sophie Mereau, Hrsg. Dagmar von Gersdorff, Frankfurt am Main 1981

Literatur über die Romantikerinnen

Ricarda Huch, Die Romantik (2 Bde), Tübingen 1964

Helmut Hirsch, Bettina von Arnim, Hamburg 2003

Frederik Hetmann, Bettina und Achim. Die Geschichte einer Liebe, Weinheim 1983

Gisela Dischner, Bettina von Arnim. Eine weibliche Sozialbiographie aus dem Neunzehnten Jahrhundert, Berlin 1977

Hildegard Baumgart, Bettina Brentano und Achim von Arnim, Berlin 1999

Richard Wilhelm, Die Günderode. Dichtung und Schicksal, Frankfurt am Main 1938

Hannah Arendt, Rahel Varnhagen. Lebensgeschichte einer deutschen Jüdin aus der Romantik, München 1959

Herbert Scurla, Rahel Varnhagen. Die große Frauengestalt der deutschen Romantik, Berlin (DDR) 1962 und Düsseldorf 1978

Gisela F. Ritchie, Caroline Schlegel-Schelling in Wahrheit und Dichtung, Bonn 1968

Gisela Dischner, Caroline und der Jenaer Kreis, Berlin 1979

Eckart Kleßmann, Caroline. Das Leben der Caroline Michaelis-Böhmer-Schlegel-Schelling, München 1975

Dagmar von Gersdorff, Dich zu lieben, kann ich nicht verlernen. Das Leben der Sophie Brentano-Mereau, Frankfurt am Main 1984

Bildnachweis